Ficción y realidad

Ficción y realidad

Siete relatos futuristas

Ernst Klett Sprachen
Stuttgart

1. Auflage 1 ⁶ ⁵ ⁴ ³ ² | 2021 20 19 18 17

Alle Drucke dieser Auflage sind unverändert und können im Unterricht nebeneinander verwendet werden.
Die letzte Zahl bezeichnet das Jahr des Druckes. Das Werk und seine Teile sind urheberrechtlich geschützt. Jede Nutzung in anderen als den gesetzlich zugelassenen Fällen bedarf der vorherigen schriftlichen Einwilligung des Verlags. Hinweis zu § 52 a UrhG: Weder das Werk noch seine Teile dürfen ohne eine solche Einwilligung eingescannt und in ein Netzwerk eingestellt werden. Dies gilt auch für Intranets von Schulen und sonstigen Bildungseinrichtungen. Fotomechanische oder andere Wiedergabeverfahren nur mit Genehmigung des Verlags.

© 2012 Fernando Ángel Moreno, © 2012 Editorial Salto de Página S.L. für *Ciencia ficción en español*.
© 2012 Daniel Mares, © 2012 Editorial Salto de Página S.L. für *Enseñando a un marciano*
© 2015 Elia Barceló für *2084 – Después de la revolución*
© 2009 Rosa Montero für *El error*
© 2015 Elia Barceló für *Minnie*
© 2006 José Güich für *Los días verdes*
© 2015 Antonio Mora Vélez für *Trasplante de cabeza*
© 2003 Sergio Gaut vel Hartman für *Disfraz*

© Ernst Klett Sprachen GmbH, Rotebühlstraße 77, 70178 Stuttgart, 2016.
Alle Rechte vorbehalten
Internetadresse: www.klett-sprachen.de

Redaktion: Marcelo Rodríguez
Layoutkonzeption: Elmar Feuerbach
Gestaltung und Satz: Satzkasten, Stuttgart
Umschlaggestaltung: Andreas Drabarek
Titelbild: iStockphoto (TonisPan), Calgary, Alberta
Bild S. 150: © Stefanie Graul
Bild S.152: Agencia EFE (Kote Rodrigo/EFE/lafototeca.com),Madrid
Bild S. 154: © José Güich
Bild S. 156: © Antonio Mora Vélez
Bild S. 158: © Sergio Gaut vel Hartman
Druck und Bindung: Salzland Druck, Staßfurt

Printed in Germany

ISBN 978-3-12-535774-7

Índice

Prólogo 6

Fernando Ángel Moreno
Ciencia ficción en español 9

Daniel Mares
Enseñando a un marciano 23

Elia Barceló
2084 – Después de la revolución 41

Rosa Montero
El error 93

Elia Barceló
Minnie 102

José Güich
Los días verdes 107

Antonio Mora Vélez
Trasplante de cabeza 125

Sergio Gaut vel Hartman
Disfraz 134

Los autores y autoras 147
Abreviaturas y símbolos 160

Prólogo

Acercar a alumnos y docentes de Español como Lengua Extranjera (ELE) a un género escasamente presente en manuales y planes de estudio de este idioma es un reto que, además de basarse en la típica renuencia de los lectores víctimas del peso de los clásicos canonizados o de sus propios prejuicios estético-literarios, se ve potenciada por su mirada a través del prisma del idioma extranjero. Lograr el efecto de extrañamiento del cual nos habla Fernando Ángel Moreno en el primer texto de esta antología es doblemente un desafío cuando el encuentro con nuevos vocablos deja la duda en el lector de si está frente a una creación *ad hoc* del autor o si simplemente se ha topado con una palabra que desconoce por su escasa competencia lingüística aún en construcción.

Más allá de si la fuente del total o parcial desconocimiento son juicios a priori, preferencias estéticas o simplemente el azar, las expectativas de nuestros nuevos lectores se basarán en lo conocido: Mundos lejanos, guerras intergalácticas, invasiones extraterrestres, androides, clonaciones. La aparente falta de identificación directa con los personajes debido a una distorsión de las dimensiones espacio-tiempo y posible-imposible es lo que desanima a muchos lectores. También la confusión entre ciencia ficción y literatura fantástica (a pesar de que a veces los límites entre estos dos géneros pueden ser muy sutiles) contribuye aún más a acentuar el escepticismo. Los modelos de mayor difusión en TV y en el séptimo arte, a veces más efectistas que prospectivos (como se ha dado en llamar a aquella ciencia ficción que invita a la reflexión) han contribuido también en parte a la banalización del género.

La selección de textos de una antología debe al menos esbozar un razonamiento del porqué de tal selección si no quiere ser fácil blanco de ataques o al menos de una curiosidad insatisfecha del lector. Lo embarazoso de tener que exponer estas razones se agudiza si reconocemos que la intención de dicha selección es la desmarginalización del género en clase de ELE. No nos hemos propuesto evitar criterios arbitrarios ni nos hemos planteado el desafío de la representatividad: ¿representar "el mundo de la ciencia ficción hispanohablante" (sea lo que fuere este) en siete relatos? Lo absurdo de tan quijotesca empresa nos anima a afirmar si tapujos que hemos reducido todos los criterios de selección posibles a uno solo: la actualidad de los textos, confiando en que los clásicos del género en idioma español llegarán al lector en lengua extranjera a través de libros de textos, blogs y foros de español y numerosas fuentes más.

La renuncia a otros criterios de selección deja a la vista las insalvables diferencias en dificultad lingüística y longitud de los textos. En este último punto no podemos negar que la estrella de la selección es el relato *2084 - Después de la revolución* de Elia Barceló, y en lugar de sonrojarnos al afirmarlo sin rodeos nos regodeamos orgullosos por lo que este relato representa: Una excelente prueba de que la ciencia ficción, y aunque parezca una contradicción, nos muestra con crudo realismo lo más despiadado de nuestro mundo. El relato esboza con alegórica claridad un espejo del cada vez más inhumano sistema en que nos hemos transformado: un mar de excluidos a la deriva, una cúpula de pocos dueños de casi todo. Irónicamente, en un momento histórico de ese mundo hispanohablante que decíamos representar a regañadientes, asistimos atónitos y paralizados al triste espectáculo del desmantelamiento de viejas conquistas, fruto de tenaces e incansables luchas, atontados por programas de entretenimientos y globos amarillos que se apoderan de nuestras mentes.

En un momento en que la derecha más recalcitrante y la creciente xenofobia toman el timón del poder en una Europa que implosiona víctima del peso de sus propias decisiones erróneas y de sus crueles políticas, y luego de un histórico y durísimo viraje a la derecha en varios países de Latinoamérica con su consiguiente retroceso social de décadas, nos hemos propuesto despertar el interés por el explosivo potencial de este género capaz tal vez como ningún otro de reflejar lo inquietante y lo escalofriante de nuestra sociedad. Escalofriante porque sabemos que aún no es técnicamente posible, pero que puede llegar a serlo si nos descuidamos y olvidamos la diaria lucha por un futuro más justo.

Poder abrir los ojos a profesores y alumnos a este potencial sería un orgullo para nosotros.

La redacción

Fernando Ángel Moreno

Ciencia ficción en español

DE QUÉ VA ESTO...

Ningún género estético ha influido en la cultura de los últimos cincuenta años como la ciencia ficción.

Te invito a que cites uno. ¿El policiaco? ¿Ha influido tanto en las modas, en el lenguaje popular, en el diseño de puentes, de viviendas y edificios de todo tipo, en la sociología y en los sueños? ¿Tanto como la ciencia ficción? ¿El *western*? ¿Ves muchos coches basados en la estética del *western*? ¿Y diseños de objetos cotidianos? ¿La novela rosa? ¿Existen muchas proyecciones económicas o políticas basadas en la novela rosa? Sí las hay en la ciencia ficción. ¿La picaresca? Si dejamos aparte la ideología sobre la vida de tantos españoles, tampoco es que haya influido como lo ha hecho la ciencia ficción en el cine o en problemas sobre género. Sólo sobre el tratamiento de este último aspecto por la ciencia ficción se han publicado centenares de artículos y libros durante los últimos diez años. O sobre la ciudad en la ciencia ficción. O sobre política utópica o distópica. O sobre filosofía y ciencia ficción. En fin, se cita más veces la ciencia ficción en estudios científicos interdisciplinares que casi cualquier otro género estético (excepto en los estudios hispanistas que siguen buscando pepitas en las exhaustas minas de los siglos de oro o en el principio del siglo XX español). Y a menudo, ni siquiera los estudiosos son conscientes de lo que están citando.

Vivimos con la ciencia ficción porque, como defendía uno de sus principales escritores —Bruce Sterling— hemos nacido en

---

24 una **pepita** Goldkorn – 24 **exhausto** aufgebraucht, erschöpft – 28 **STERLING, BRUCE** (1986), «Prólogo» en STERLING, Bruce (ed.). *Mirrorshades: una antología ciberpunk*. Madrid, Siruela, 1998.

un mundo de ciencia ficción. Lo sabemos. Somos conscientes de ello. No, no hay coches voladores que sobrevuelen cada ciudad, pero a veces uno piensa que es lo único que falta. Las naves más veloces que la luz, la teleportación y la máquina del
5 tiempo no nos parecían tan posibles. ¿El resto?
¿Hace falta señalarlo?

Internet.
Móviles.
Ordenadores portátiles.
10 Grandes corporaciones que gobiernan los países.
Holocaustos nucleares.
Asombrosas curas de enfermedades.
Democratización de la sociedad.
Globalización étnica y cultural.
15 Aviones supersónicos.
La España ucrónica.
Implantes cibernéticos.
Redes sociales virtuales.
Libros digitales.
20 Acceso gratuito a casi toda la cultura.
Materiales cuyas propiedades eran inimaginables hace décadas.
Crisis económicas.

Quizás muchos de estos ejemplos queden algún día
25 obsoletos. No obstante, me interesa su poderosa analogía entre lo real y la CF. El mero ejemplo de las crisis económicas, por las que sólo el egoísmo de cien o doscientas personas provoca el sufrimiento de miles de millones… ¿Acaso no es eso ciencia ficción? ¿Acaso el sencillo hecho de haber imaginado
30 esta posibilidad en 1897, cuando Wells publicó una novela, *La máquina del tiempo*, en la que aparecía una clase social canibalizada por la otra, no es ya un pensamiento de ciencia ficción? Pese a las diferencias sociales entre ambos periodos,

---

4 la **teleportación** Beamen – 16 **ucrónico**, die Alternativgeschichte (Uchronie) betreffend

las relaciones de sumisión a través de la literatura resultan evidentes. El futuro se recrea consigo mismo década tras década.

Porque lo que de verdad demuestra que hemos nacido en un mundo de ciencia ficción es el hecho de que este futuro cambia constantemente, de que nos encontramos forzados a cambiar nuestros pensamientos una y otra vez. Lo terrible de la ciencia ficción es su manera diferente de concebir el tiempo y la realidad; de pensar, de proyectar, de entender el presente en constante cambio. ¿Y no se guía este mundo por unos tipos de pensamiento que deberían ser de ciencia ficción?

Csicsery-Ronay Jr. afirma que la CF es el género más antiguo de la humanidad. En realidad dice, es el género más antiguo de esa humanidad nueva y única que se desarrolló desde el mal entendido pensamiento de Immanuel Kant. El nuevo mundo no se parece demasiado al antiguo, en cuanto escarbamos y buscamos matices. Es el primer género del nuevo paradigma cultural que se inició a finales del XIX y que estalló con La Segunda Guerra Mundial.

Nada nos ha influido tanto como la ciencia ficción porque hemos nacido, crecido y vivido en un mundo de ciencia ficción, observando inútilmente cómo cambiaba el mundo, para bien y para mal, a una velocidad vertiginosa junto a nosotros. Más vertiginosamente que en ninguna otra época de la historia de la humanidad. Como diría Zygmunt Bauman, ya no existe solidez, sino que respiramos un tiempo líquido en una sociedad líquida desde identidades que dejaron de existir hace apenas dos segundos.

La enorme influencia de la CF no sólo se debe a esto, sino también a muchos más motivos que los que cabría intuir en

---

1 la **sumisión** Unterwerfung – 8 **concebir** auffassen – 12 **CSICSERY-RONAY Jr., Istvan** (2008), *The Seven Beauties of Science Fiction*. Middletown (Connecticut), Wesleyan University Press. – 16 **escarbar** herumstochern – 18 **estallar** ausbrechen – 23 **vertiginoso** schwindelerregend – 25 **BAUMAN, Zygmunt** (2000), *Modernidad líquida*, Buenos Aires, Fondo de Cultura Económica de Argentina, 2009. No soy el mayor defensor de este libro, pero el término me parece muy apropiado. – 26 la **solidez** Festigkeit – 30 **caber** möglich sein, können – 30 **intuir** (er)ahnen

un primer momento. Ante todo, una gran parte del género responde a un sentimiento humano cuya existencia defiende con ahínco el filósofo Fredric Jameson: la utopía, el sentimiento de que el futuro puede ser mejor. Es el sentimiento que mueve nuestras decisiones y nuestros sueños. Todo proyecto de investigación honesto se fundamenta en este sentimiento. Toda relación de pareja, todo viaje, amistad o mudanza se fundamentan en el sentimiento utópico. Se trata de algo muy profundamente enraizado en nosotros, tanto que domina incluso el presente. Por ejemplo, cuando observamos un coche de diseño innovador o un edificio de atrevidas formas pensamos, de inmediato, que «parece del futuro», cuando se trata de un presente más material que nuestros propios sentimientos.

Discrepemos de nuestra propia observación. En realidad no decimos «parece del futuro», sino «parece de ciencia ficción». Y lo más importante es que ese pensamiento de «qué rápido cambian las cosas» no aparece ya cada cien años, con la construcción de una catedral o de un palacio ducal. Aparece con el último modelo de teléfono móvil.

Pero recordemos también que toda utopía es una distopía para alguien. La ciencia ficción es también el género del miedo a lo plausible. Y la humanidad se ha encontrado tantas, tantas veces con la distopía de lo plausible que no podemos apartar los ojos de esa certeza de un futuro peor.

Por otra parte, el género ha despuntado como un magnífico medio de vislumbrar lo maravilloso, lo sublime. Ha respondido a esa sensación de quedarse sin aliento que se produce ante una montaña sumida en la niebla o ante un mar embravecido. Por ello, la literatura y el cine, que tienen lenguajes especialmente dotados para esta sensación, han explotado con

---

3 el **ahínco** Eifer, Nachdruck – 5 **JAMESON, Fredric** (2005), Arqueologías del futuro: *El deseo llamado utopía y otras aproximaciones de ciencia ficción*, Madrid, Akal, 2009, pp. 16-21. – 9 **enraizado** verwurzelt – 11 **atrevido** gewagt – 15 **discrepar** abweichen, anderer Meinung sein – 19 **ducal** herzoglich – 24 **apartar** abwenden – 27 **vislumbrar** durchschimmern sehen, erahnen – 27 **sublime** erhaben – 29 **sumido** versunken – 29 **embravecido** *mar* aufgewühlt, stürmisch

ahínco las posibilidades visuales que ofrece la ciencia ficción: naves espaciales que recorren distancias imposibles, razas extraterrestres con sistemas culturales inauditos, o planetas de geografía insólita.

Además, sus propias premisas abarcan tantísimos géneros y tantísimas posibilidades de representación verbal y visual que continúa siendo uno de los géneros con más futuro por delante, si se me permite el chiste malo.

No menos importante es el hecho de que su desarrollo se ha producido dentro de la cultura popular, pero también de la cultura más canónica. La CF ha sido una herramienta magnífica tanto para el puro entretenimiento como para la reflexión intelectual y, como decía el viejo Isaac Asimov, en ella caben todos los géneros.

Por último, no pocos escritores de renombre, españoles o no, la han empleado con el fin de extrapolar profundas inquietudes sobre su presente. Sólo por citar algunos nombres, tenemos a Evgueni Zamiátin, Miguel de Unamuno, Azorín, Vicente Blasco Ibáñez. Aldous Huxley, George Orwell, Philip Roth, Kazuo Ishiguro, Pedro Salinas, Eduardo Mendoza, José Saramago, José María Merino, Cormac McCarthy, Adolfo Bioy Casares, Ray Bradbury, James Graham Ballard, Stanislaw Lem, mi adorada Ursula K. Le Guin o Philip K. Dick, entre muchos otros.

DECONSTRUYENDO LA LITERATURA…

No obstante, la mayoría de los «intelectuales» españoles —profesores universitarios y de enseñanzas medias, periodistas, críticos o creadores— le han prestado escasa atención, cuando no lo han vilipendiado directamente, en un alarde de ignorancia difícil de justificar. Como defienden José

---

3 **inaudito** unerhört – 4 **insólito** un-, außergewöhnlich – 11 **una herramienta** Werkzeug, Mittel – 17 **una inquietud** *aquí*: Angst, Sorge, Interesse – 29 **vilipendiar** verachten, verunglimpfen – 30 hacer **alarde** de uc mit etw angeben

María Merino, David Roas y Ana Casas, en España, el extremo del realismo social radicalizado desde la izquierda (que, de manera errónea, contempló la ciencia ficción como «evasión») y el extremo nacional-católico (que no contemplaba más fantasías que las suyas) han favorecido especialmente el olvido de sus textos e incluso su desprecio.

Tampoco ayudó la ignorante falacia de que se trata de obras efímeras. Se ha afirmado a menudo que, pasado el momento del descubrimiento científico que empuja la novela o del año en que se localiza la trama, el texto queda automáticamente obsoleto. Dicen.

Sin embargo, ¿una obra es peor porque se ambientó en el año 40000 y, hasta entonces, no sabemos si se cumplirá? ¿Es 2001 una mala película desde el año 2002?

Esta afirmación de que el género se queda pronto obsoleto, escuchada a menudo de académicos y pseudointelectuales, desdice la calidad de las narraciones de los escritores mencionados. Por consiguiente, provoca la triste e intuida sospecha de que, quien formula esta aseveración, ha leído del género apenas a Julio Verne. Por cierto, como ya he escrito en otras ocasiones, ¡que alguien se atreva a defenderme que, tras la invención del submarino, el maravilloso personaje del capitán Nemo dejó de resultar interesante!

El error de este planteamiento se encuentra en suponer que la ciencia ficción (o la ficción prospectiva, que estoy a punto de presentar) trata del futuro. Esto es tan absurdo como pensar que *Rayuela* trata sólo de un juego para niños, o que si lanzáramos una bomba sobre Dublín dejaría de interesarnos el *Ulises* de Joyce porque sólo trata de esa ciudad. La ciencia ficción, como toda literatura, trata del presente del autor y

---

1 **MERINO, José María**, «Lo fantástico y la literatura española», en LÓPEZ PELLISA, Teresa y Fernando ángel MORENO (eds.), *Ensayos sobre literautra fantástica y de ciencia ficción*, Madrid, Asociación Cultural Xatafi, 2009, pp. 55-64. – 1 **ROAS, David y Ana CASAS**, «Prólogo», en ROAS, David y Ana CASAS (eds.), La realidad oculta: Cuentos fantásticos del siglo XX, Barcelona,Menoscuarto, 2008, pp. 9-54. – 6 el **desprecio** Verachtung – 7 una **falacia** Betrug, Täuschung – 8 **efímero** kurzlebig, flüchtig – 17 **desdecir** nicht entsprechen – 19 una **aseveración** Beteuerung

del presente del lector, que no siempre están en sintonía. Ese presente transmite una admiración y un temor hacia el futuro. Cierto.

Pero ese futuro al que se apunta es sólo una consecuencia de las inquietudes humanas del presente. Por ello, ciertos miedos pueden desaparecer; ciertas profecías pueden no cumplirse; ciertos adelantos tecnológicos pueden no alcanzarse. Puede que el Estado rígido e inhumano de la novela *Nosotros*, de Zamiátin, no vaya a existir nunca. Pero esta novela trata de la cosificación del individuo a favor de un colectivo. Que el miedo histórico-material que sirve de sustrato a la novela no se haya cumplido no significa que las inquietudes sobre el dominio de una colectividad superior no se mantengan actuales.

Ya hemos llegado a algún sitio: la ciencia ficción es vivir el presente con la inquietud de que le futuro existe y de que no sigue las reglas de Dios. ¿Sigue, al menos, nuestras reglas…? Ni te cuento. Espero que hayamos entendido por qué la ciencia ficción ha sido olvidada por la Academia y cuál es su base de funcionamiento.

Pero me dejo algo trascendental: creo que todavía no he definido «ciencia ficción».

No nos pongamos nerviosos. Ahí va una propuesta que ya he presentado en otras ocasiones:

«Ficción basada en elementos hoy imposibles, pero no sobrenaturales.»

Es decir, una máquina del tiempo o el hecho de que Hitler ganara la Segunda Guerra Mundial son elementos imposibles en este momento, pero no son sobrenaturales. No contradicen ninguna ley de la física. Desde luego, depende de lo que el lector entienda por «sobrenatural» y por «imposible». (Y por «física»). Por ello… ¿crees realmente, amable lector, que los extraterrestres viven entre nosotros? ¿Estás convencido, paranoico como eres, de que nuestro gobierno ha construido y utilizado una máquina del tiempo sin revelárselo a nadie?

---

1 **en sintonía** im Einklang – 10 la **cosificación** Vergegenständlichung – 28 **contradecir** widersprechen – 34 **revelar** enthüllen

Si es así, ¡quedas invitado a leer algunos de los relatos de esta antología como «literatura realista»! De hecho, mira, hoy podemos leer *Veinte mil leguas de viaje submarino* como literatura realista sin que presente demasiados problemas y mantenimiento aún mucho de su interés.

Pero es que la literatura depende tanto de cómo la leamos…, por mucho que el autor nos invite a hacerlo de una determinada manera…

¿Por qué el autor querría invitarnos a leer los sucesos que narra romo «imposibles, pero no sobrenaturales»?

Lo que permite introducir un elemento no realista, pero plausible, como motor de un relato es la constatación de que la mayor parte de los apriorismos a partir de los cuales dirigimos nuestras vidas son completamente anecdóticos, que no son absolutos. Cada vez que enunciamos cómo deben ser el amor o una relación entre padres e hijos o una decisión moral o un postulado cultural cualquiera, y lo contrastamos con una propuesta de ciencia ficción, se produce un efecto de extrañamiento. «Huy, siempre he pensado que esto debe ser así, pero ahora… Vaya…» Tras un breve momento de confusión, nos reconocemos en lo imposible y, oh, no, lo entendemos como plausible.

Darko Suvin, uno de los principales teóricos del género, llamó «extrañamiento cognitivo» a este efecto. Y demostró que cada relato de ciencia ficción centraba ese extrañamiento en al menos un elemento no realista y no sobrenatural, que él denominó «nóvum».

El nóvum — la visita de una raza extraterrestre éticamente superior, la creación de clones, o la colaboración con inteligencias artificiales autoconscientes — dirige la trama y

---

5 Por cierto, eres el único que se ha dado cuenta de que existe un mensaje en clave del gobierno si combinas de cierta manera las palabras de esta introducción. Suerte. – 15 **enunciar** äußern, ausdrücken – 19 el **extrañamiento** Verwunderung, Befremden – 27 **SUVIN, Darko** (1979), *Metamorfosis de la ciencia ficción. Sobre la poética y la historia de un género literario*, México, D.F., Fondo de Cultura Económica, 1984, p. 94. Tenemos un excelente desarrollo de esta idea en CSICSERY-RONAY JR. Istvan (2008), op.cit., pp. 47-75. – 30 una **trama** Handlung

potencia el desarrollo de las inquietudes culturales sobre el presente que el escritor vuelca en el texto. Ejemplos de nóvum son la ya tan mencionada máquina del tiempo, los replicantes de *Blade Runner*, el monolito de *2001*, la sociedad híper vigilada de *1984*… Todo texto de ciencia ficción dispone de uno y, a menudo, de más de uno. Por lo general, para clasificar la enorme cantidad de subgéneros que existen en la ciencia ficción, la cultura popular ha hablado, sin saberlo, de tipos de nóvum: relatos de robots, de viajes en el tiempo, de mutantes, de historia alternativa (las «ucronías»), de utopías negativas (las «distopías»), etcétera.

Gracias a esta variedad de nóvum, la ciencia ficción es rica en subgéneros y en posibilidades de ahondamiento cultural. Por ejemplo, seremos capaces de entender nuestra parte fría e inhumana hablando con un robot, o podremos entender la trascendencia de la guerra civil española escribiendo una historia en que ganaran los republicanos. Me gusta.

Sin embargo, reconocerás, amable lector, que no siempre que has leído esos relatos que transcurren en el futuro… No me creo que hayas buscado siempre un pensamiento filosófico o una verdad eterna. A menudo te han interesado solo las experiencias sublimes, como viajar con tu nave espacial por dentro de la corteza de una estrella, como en *Stargate Universe*, o visitar un mundo donde existen coches voladores y extraterrestres fascinantes.

En realidad, a lo largo de la historia del siglo XX, se fundieron dos líneas: esta última, maravillosa, más obsesionada con el efecto de impacto que los relatos producían, y otra mucho más cultural, más concentrada en la reflexión intelectual. Ambas han aportado excelentes relatos y relatos horribles.

Sí, es cierto, la mayor parte de la ciencia ficción es horrible. Y es que, como dictaminó Theodore Sturgeon, «el noventa por ciento de la ciencia ficción es una porquería, pero es que el

---

1 una **inquietud** *aquí:* Fragen, Fragestellung – 2 **volcar** einfließen lassen – 13 el **ahondamiento** → **ahondar** Vertiefung – 19 **transcurrir** vergehen, verstreichen – 23 la **corteza** de una estrella Sternhülle – 33 una **porquería** Schweinerei, Mistding

noventa por ciento de cualquier cosa es una porquería», o algo parecido.

A partir de los estudios de Julián Díez, los teóricos dividimos el género en dos líneas: la ciencia ficción propiamente dicha (más maravillosa, más preocupada por el mero efecto) y la ficción prospectiva (cuya obsesión es la reflexión intelectual). Esta última también puede ser contemplada como un subgénero de la ciencia ficción, según a quién le preguntes. Insisto en que ninguna de las dos presupone una mayor o menor calidad literaria y, por supuesto, en que ambas pueden desarrollar cualquier tipo de nóvum.

¿Cabe ya suponer que tenemos situado de qué va esto de la ciencia ficción?

Si es así, adentrémonos un poco en lo que los autores españoles han hecho con la ciencia ficción y con la prospectiva.

CÓMO NOS LAS GASTAMOS POR AQUÍ…

España no es, en principio, país de ciencia ficción.

Lo fue y, por desgracia, dejó de serlo. Antes de la Guerra Civil, cultivaron el género numerosos intelectuales, y se aceptaba con cierta tranquilidad y frecuencia. No muchas personas saben que apenas encontramos un escritor de renombre a principios del siglo XX que no haya escrito al menos un cuento de ciencia ficción, si no una novela.

Entonces llegó la dictadura de Franco.

Y el género dejó de interesar.

Como tantas cosas…

De vez en cuando aparecía algún relato, o una novela suelta… Pero ni las grandes narraciones de ciencia ficción

---

2 Para el original: **SCHOLES, Robert y Eric S. RABKIN** (1977), *Science Fiction: History, Science, Vision*, Nueva York, Oxford University Press, p. 62: «"90 % of science fiction is crud, but 90 % of everything is crud" (or words to that effect – you encounter different versions)». (Trad. esp.: *Ciencia ficción: Historia, ciencia, perpectiva*, Madrid, Taurus, 1982.) – 3 **DÍEZ, Julián** (2008), «Secesión», en *Hélice: Relfexiones críticas sobre ficción especulativa*, 10, pp. 5-11.

entraban en España ni se fomentó la pasión por los avances tecnológicos y políticos que se producían más allá de nuestras banderas. Sólo gracias al cine americano de serie B y algunas escasas aventuras editoriales, durante los años sesenta hubo un considerable interés por la ciencia ficción más exagerada y menos prospectiva.

Fueron los años de los bolsilibros, pequeñas novelas de usar y tirar que explotaban las más sencillas historias de invasiones extraterrestres, amenazas venidas del espacio y batallas cósmicas. Como nadie se las tomaba demasiado en serio (ni autores ni editores ni lectores), tampoco incomodaban. Y eran entretenidas, vaya.

Sin embargo, fueron un excelente caldo de cultivo, pues metieron el gusanillo de las posibilidades del género, y sirvieron para que algunos autores y editores decidieran ir un poquito más allá. Entre ellos, destaca el caso de Domingo Santos, quien con dos compañeros de viaje —Sebastián Martínez y Luis Vigil— fundó en 1968 la revista *Nueva Dimensión*. En sus páginas publicaron relatos extranjeros que miraban el futuro de una manera un poco más atrevida hasta su cierre en 1983 tras 148 números. Muchísimos jóvenes y adultos se aficionaron a esta revista, que disfrutó de un considerable éxito durante años.

Entonces a Franco se le ocurrió la interesante idea de fallecer.

Y se comenzó a oír hablar de eso tan controvertido llamado «transición».

La transición permitió muchas cosas. Ante todo, desapareció la censura. ¡Podían publicarse más cosas! Además, se facilitó la constitución de reuniones y asociaciones, hecho que favoreció la celebración de eventos y tertulias literarias centradas en la ciencia ficción. Todas ellas fueron organizadas y disfrutadas por

---

1 **fomentar** fördern, unterstützen – 7 un **bolsilibro** billiges Taschenbuch – 9 una **batalla** Schlacht – 13 un **caldo de cultivo** Nährboden – 14 un **gusanillo** *dim* gusano Wurm, *aquí: etwa* einen Floh ins Ohr setzen, auf die Idee bringen – 16 **destacar** überragen, sich abheben – 20 **atrevido** gewagt, kühn – 31 una **tertulia** Gesprächskreis, Stammtisch, Zirkel

una gran cantidad de aquellos lectores de *Nueva Dimensión* e incluso de bolsilibros.

Por otra parte, cierta apertura hacia el exterior favoreció la aparición de editoriales que publicaban traducciones de importantes novelas anglosajonas. Esto fue una enorme sorpresa para muchos, que de la noche a la mañana se encontraban con la obra casi completa de autores antes desconocidos como Le Guin, Clarke, Asimov, Bradbury, Dick, Heinlein, Ballard… Imagino la sorpresa de un lector de veinticinco o treinta años que de repente se encontraba con tan cantidad de historias que no tenían absolutamente nada que ver con ninguna cosa que se hubiera publicado antes en España; no sólo por imaginación, sino también por calidad. Cientos de novelas sobre extraterrestres, robots, viajes en el tiempo, mundos lejanos… Para leer de golpe.

Guau.

Por si fuera poco, como casualidad tecnológica, fue extendiéndose el éxito de esa máquina que tanto nos irrita en ocasiones, pero a la que tanto le debemos, que es la fotocopiadora. Con ella, los jóvenes lectores de *Nueva Dimensión* (algunos, ya no tan jóvenes), pudieron dedicarse a dos nobles actividades: escribir y publicar relatos de CF. Lo hacían en unas hojas cutremente encuadernadas, y bendecidas casi siempre por obra y gracias de la fotocopiadora. Y vieron que lo que hacían era bueno, y les pusieron por nombre, a imitación de los habitantes del Nuevo Mundo, *fanzines*.

Durante los años ochenta y noventa, las reuniones y la publicación de fanzines atrajeron a numerosos lectores que, poco a poco, intentaban desarrollar sus propias fantasías. Muchos de estos escritores primerizos tenían un interés mayor

---

2 Para adentrarse un poco más en el mundo del bolsilibro: CANALDA, José Carlos (2001), *Luchadores del espacio: una colección mítica de la C.F. española*, Alcalá de Henares (Madrid), Río Henares; CANALDA, José Carlos, e IGOR CANTERO URIBE-ECHEVARRÍA (2002), «Las colecciones de ciencia ficción popular en España (1950-1990)», en VV.AA. (2002), *La ciencia ficción española*, Madrid, Robel, pp. 67-93, y BARBERÁN, Rafael y Àngels GIMENO (2002), «El imperio de los superventas», en VV.AA. (2002), La ciencia ficción española, op.cit.pp. 177-197. – 23 **cutre** *Esp coloq* billig, ordinär – 23 **bendecir** segnen

por la literatura que sus antecesores, e incluso algunos de ellos disfrutaron de formación filológica.

Con todas estas circunstancias, el *boom* se produjo de manera imparable, aunque sólo en el ámbito de unos cientos de personas.

Vale… Fue más un *bing* que un *boom*.

La gran industria continuó sin hacerles caso.

Pero fue suficiente. En sólo veinte años se publicaron cientos de fanzines y revistas, entre los que cabe destacar el fanzine *BEM*, editado por Interface Grupo Editor, y la revista *Gigamesh*, dirigida primero por Julián Díez y más adelante por Juanma Santiago. En casi todas ellas se disponía de un correo de los lectores, a imitación del de las grandes revistas anglosajonas, y a través del cual los aficionados se ponían en contacto.

Al mismo tiempo aparecieron aventureros intrépidos y alocados que osaron editar profesionalmente ciencia ficción española con cierta regularidad, como Luis G. Prado, Alejo Cuervo o Miquel Barceló.

Por otra parte, se organizó una asociación nacional (llamada hoy AEFCFT) que otorga premios a las mejores obras y publica, hasta hoy, antologías de relatos de ciencia ficción que sirvieron de Sala de Peligro, contacto y difusión a docenas de escritores, algunos de ellos hoy bien conocidos.

Hay que insistir en que este magma «cienciaficcional», pese a las esperables peleas y amores que todo mundillo reclama, propició un clima de encuentro como pocos géneros han disfrutado en España, si es que lo ha disfrutado alguno.

Así, los años ochenta y noventa se llenaron de cuentos de CF sin que apenas nadie en las universidades ni en las grandes editoriales se percatara de ello.

Por supuesto, muchos de esos cuentos no han trascendido, pero algunos de ellos merecieron haber sido reproducidos

---

4 **imparable** unaufhaltsam – 15 **intrépido** kühn, unerschrocken – 16 **osar** wagen –
20 **VILLAREAL, Mariano** (2008), Los premios Ignotus: 1991-2008 [Almería], Indlacon. –
25 **esperable** zu erwarten – 25 una **pelea** Streit – 26 **propiciar** begünstigen –
30 **percatarse** de uc sich bewusst werden/machen

junto a los de figuras reconocidas de la literatura española. No muchos. Sí los suficientes para publicar algunas antologías.

Con el fin del siglo llegó la gran difusión por Internet, y casi todos estos fanzines y revistas fueron apagándose con la misma frecuencia con que encendíamos el *router*. Resultaba mucho más fácil difundir la obra y las opiniones a través de la red. Por otra parte, las nuevas generaciones de escritores, que en ocasiones sólo quedaban separados en diez años de los primeros, encontraron muchísimas más facilidades para publicar y llegar a sus lectores. Es decir, dispusieron del camino abierto por sus antecesores, y lo aprovecharon.

Internet cambió el presente por el futuro. Desde entonces, siempre hablamos de lo que vendrá y bastante poco de lo que hay.

[…]

6 **difundir** verbreiten

Daniel Mares

Enseñando a un marciano

Un martes llegaron los marcianos. El miércoles ya no quedaban hombres. Los muy mamones se los cargaron a todos.

No me parece mal. Comprendo que si estás invadiendo un planeta no te puedes andar con contemplaciones. Es que me jode un poco lo rápido que acabaron con nosotros. Pero sólo un poco. Siendo sincero, he de decir que fue bueno para mí. Me iban a echar de casa, llevaba cinco meses sin pagar, no tenía trabajo y, últimamente, la policía no dejaba de hacerme visitas. No hacía nada malo: sólo intentar vivir, ya sabéis. Cuando vinieron los marcianos y me dijeron que habían matado a todo el mundo menos a mí, pensé: «¡Coño!, eso sí que es tener suerte».

Por lo visto, estos marcianos… Bueno, los llamo marcianos por llamarlos de alguna manera, porque no sé de dónde leches vienen. Digo que estos marcianos acostumbran a conquistar planetas deshaciéndose de todo los que viven allí, menos de un infeliz, para aprender de él. Querían que les explicase cómo funcionan las cosas por aquí. Natural: ellos tienen ahora un mundo lleno de cacharros, y no saben para qué sirven.

Y, de entre todos los tíos que hay, van y me eligen a mí. Toda la vida jodido y, al final, soy yo quien se lleva el premio. Al principio, cuando ya me hube hecho a la idea de lo que pasaba, me estuve riendo un buen rato de todos esos cabrones con aires de superioridad que se creían algo porque tenían dinero, coches, una mujer gorda y una fulana cachonda para los fines

---

2 un **marciano** Marsmensch – 4 un **mamón** *coloq* Idiot – 4 **cargarse** *coloq* umbringen – 7 **contemplaciones** *pl* Rücksicht – 14 **¡coño!** *Esp coloq* Ach du scheiße! – 17 **de dónde leches** *Esp vulg* woher zum Teufel – 22 **un cacharro** *coloq* Kram – 28 **una fulana** *coloq* leichtes Mädchen, Nutte – 28 **cachondo** geil

de semana. Pues mirad, tíos, ahora soy yo quien lo tiene todo, y vosotros abonáis el campo.

Después, las cosas no resultaron tan buenas. Empezaré por el principio. Cuando oí el timbre ese martes a las seis de la tarde, creí que era otra vez el capullo de mi casero con la coña del alquiler, así que no contesté. Pensé: «Venga, cabrón, llama hasta que se te quede el dedo pegado al timbre, que lo que es yo, no pienso abrirte». La puerta desapareció. Sin explosiones ni luces ni nada de eso. De pronto, ya no estaba allí. Entraron un par de marcianos y se me quedaron mirando.

—¡Eh, tíos! Yo no sé de qué va esto —dije, y ellos me lo explicaron.

Me sacaron de allí y me mostraron todos los cadáveres, incluso el del casero. Yo era el único do que había sobre la tierra, y me dijeron:

—David —ése es mi nombre—, necesitamos tu colaboración para mostrarnos cómo es tu mundo. ¿Estás de acuerdo en ayudarnos?

¿Qué coño esperaban que les dijera? ¿«No, tíos, no: prefiero que me matéis»? ¡Y una mierda! Los ayudé. Pero la alegría de sentirme el rey del mundo duró muy poco. Suponía que cuando terminase de explicarles todo, prescindirían también de mí. ¿Por qué yo? ¿Por qué me escogieron? La respuesta es sencilla: tuve suerte. En la lotería más importante, me llevé el gordo. A los marcianos que hicieron desaparecer mi puerta les dijeron: «Entrad en una casa y coged a uno de esos humanos vivos». Así lo hicieron, y me tocó a mí.

No me trataron mal, ni tampoco bien. Yo sólo era algo que pensaban usar y tirar. Pronto me empecé a sentir furioso. No soy el mejor espécimen de mi raza, no he sido un santo ni nada parecido, ni soy muy inteligente, ni muy valiente, ni muy nada. Eso sí, soy el único, y esto me carga con algunas responsabilidades. Digo yo.

---

2 **abonar** düngen – 5 **capullo** *Esp vulg* Arschloch – 5 un **casero** Vermieter – 5 una **coña** *Esp vulg aquí:* nervige Angelegenheit; la **coña del alquiler** *vulg* Scheißmiete – 22 **prescindir** verzichten – 30 un **espécimen** Exemplar

Puede que no suene real viniendo de mí, pero me sentía, y aún me siento, herido por lo que le han hecho a mi mundo. Una cosa es que alguien se dedique a exprimir a sus semejantes, pero lo que no aguanto es que esos tíos verdes con trompetas en las orejas vengan a tu casa, maten a todo el mundo y luego te pidan que les eches una mano. Dicho esto, comencé a planear mi resistencia.

Empecé con los enchufes. Durante el primer día de mi trabajo como instructor de marcianos, se me acercaron y dijeron:

—¿Qué son esas cosas que hay en las paredes?

—Cortaúñas —respondí.

¿Se lo imaginan? Acto seguido, cientos de marcianos metieron los dedos en los enchufes y cambiaron de color: de su verde lagarto natural pasaron a un negro chamuscado, mucho más elegante.¿Se lo pueden creer? Eran un montón de gilipollas galácticos, por muy avanzados que estuvieran. Se tragaban todo lo que yo les contaba, sin hacer la más mínima comprobación. Les dije que los enchufes eran cortaúñas y, un minuto después, se lanzaron como locos a usarlos.

Pero faltaba lo más sorprendente. Yo esperaba que me mataran por haberlos tostado, y la verdad es que no tenía miedo. Ya me había llevado a muchos de ellos por delante. Era bueno acabar así: después de una vida no muy digna, mi final me redimía. El último hombre moriría de pie, enfrentándose cara a cara con la némesis de la humanidad, sin dejar de pelear hasta el último momento.

No ocurrió nada. Cuando esperaba en mi celda el final, entraron y me dijeron:

—Gracias por tu información. Esos cortaúñas son demasiado potentes para nosotros.

---

3 **exprimir** auspressen, ausbeuten – 8 un **enchufe** Steckdose – 12 un **cortaúñas** Nagelzwicker – 15 un **lagarto** Eidechse – 15 **chamuscar** an-, versengen – 17 un/a **gilipollas** *Esp vulg* Vollidiot – 18 **tragar** *aquí: loc* schlucken (glauben) – 22 **tostado** rösten – 25 **redimir** erlösen – 26 **némesis** strafende Gerechtigkeit, Nemesis

Me descojoné. Creían de verdad que nosotros nos hacíamos la manicura a 220 voltios. Para morirse. Pensándolo fríamente, y una vez que pude contener la risa, aquello proporcionaba un interesante cambio a mi situación, que es tanto como decir a la situación de la raza humana. Podía acabar con todos esos marcianos, uno a uno, sin que ellos me hicieran nada. Eran tontos, sumamente tontos. Al final, no iban a ser los hombres los derrotados, sino que uno solo de nosotros acabaría con todos esos tíos tan poderosos que habían sido capaces de surcar el firmamento para conquistarnos. Yo en persona los iba a joder, y ellos me darían las gracias.

Lo siguiente fueron las pistolas. Entraron en mi celda con un montón de rifles, escopetas y revólveres preguntando:

—¿Para qué sirve todo esto?

—Se trata de cepillos de dientes automáticos —respondí con rapidez—. Veréis, esta parte alargada se introduce en la boca, y se aprieta el interruptor. Los dientes quedan tan limpios que uno ya no tiene que preocuparse más por las caries.

Al día siguiente, miles de marcianos tuvieron que alimentarse a base de sopas. Todos esos tipos verdes levantándose de la mesa:

—Cariño, creo que se me ha metido una espina de pescado en una muela.

—Usa el cepillo automático de los humanos. Dicen que es muy bueno.

Y «BUUUUUUM»: sesos verdes esparcidos por la habitación. No podía parar de reírme. Estuve oyendo disparos durante todo el día, hasta que mi carcelero desdentado volvió a entrar, diciendo: —Me pemo que vue'to' hábipo' higiénico' son mu' d'ástico' paba nuest'o gu'to.

Tardé un mes en dejar de reírme. Creo que me lesioné la mandíbula; aún me duele. Entre esta última jugada y la de los enchufes, me había cepillado ya a la mitad de los marcianos

---

1 **descojonarse** *Esp vulg* sich schieflachen – 8 **derrotar** schlagen, besiegen – 10 **surcar** durchfurchen – 12 una **celda** Zelle – 13 un **rifle** Gewehr – 13 una **escopeta** Flinte – 17 un **interruptor** *aquí:* Abzug – 22 una **espina** (de pescado) Fischgräte – 26 **esparcir** (ver) streuen – 31 **lesionar** verletzen – 33 **cepillar** *Esp coloq* umbringen

que había en la Tierra, y la otra mitad tenía unas facturas del dentista que los iban a arruinar. No cabía duda de que los hombres iban ganando la guerra. Dudo que nunca haya existido una resistencia tan eficiente.

Llegados a este punto, las cosas empezaron a no gustarme demasiado. Toda esa historia del último hombre y de vengar a mis hermanos masacrados estaba muy bien, pero… ¿y luego, qué? ¿Qué pasaría cuando acabase con todos los marcianos? (Lo que, a la vista de los hechos, no iba a demorarse mucho). Quedarme solo no era algo que me atrajese en lo más mínimo, y los marcianos no parecían tan mala compañía. Mejor ellos que nada. ¿Qué puede hacer uno con un mundo entero, si no tiene nadie con quien compartirlo? Reconozco que la soledad me asusta mucho. Sé que no debería ser así, puesto que casi toda mi vida he estado solo. Ya lo ven, no puedo evitarlo. Además, me estaba acostumbrando a esos marcianos. Si me esforzaba, podría vivir con ellos mucho tiempo. Apenas había empezado a explicarles nada, y podía serles útil durante una buena temporada. ¿Y a mí que me importan el orgullo de la raza humana ni todas esas zarandajas, si nadie hizo nunca nada por mí? Ni siquiera mi madre. Mostraba más interés hacia un tal Jack Daniels que hacia su hijo. Ni estando sobria me dijo nunca que me quería. Y mi padre…, ¿quién coño sabe quién es mi padre? Desde siempre me he ocupado de mí, y sé hacerlo bien. Eso fue lo que decidí. A la mierda el mundo, viviría con los marcianos y cuidaría de mí.

Una semana después de lo de las armas, entraron en mi celda dos marcianos con sonrisas en sus caras de sapo.

—Hemos encontrado una solución a nuestro problema. Vuestra tecnología resulta mortal para nosotros, incluso en sus aspectos más cotidianos. Por eso consideramos que lo más prudente será que sólo le enseñes a uno de los nuestros,

---

6 **vengar** rächen – 9 **demorarse** dauern, hinauszögern – 16 **esforzarse** sich anstrengen, sich Mühe geben – 20 una **zarandaja** Kleinigkeit – 28 un **sapo** Kröte – 32 **prudente** vernünftig

y que éste, una vez haya comprobado que tus enseñanzas son inocuas, nos las transmita a los demás.

¡Joder! Estos marcianos no son tan tontos como parecían, ¿eh?

Mi alumno se llama Spock. Por supuesto, éste no es su nombre de verdad. No se me ocurrió ningún otro nombre de marciano y, teniendo en cuenta que íbamos a pasar mucho tiempo juntos, no podía estar llamándolo Fóiadhfai987wdjbf.§§odfhg todo el día.

Nuestra relación comenzó siendo un tanto extraña. Me llevaron a una casa pequeña, en el sur, junto a una playa que en tiempos debió de estar llena de sudorosos veraneantes cargados de niños, cremas bronceadoras y latas de Coca-Cola. Ahora permanecía desierta, salvo por los cangrejos. Entramos en la casa encalada con un tejado a dos aguas, y me presentaron a mi alumno.

—Éste es Fóiadhfai987wdjbf.§§odfhg. Compartirás esta casa con él, y contestarás todas las preguntas que te haga. Si necesitas algo, sólo tienes que pedírselo, y nosotros te lo proporcionaremos.

Hola — me dijo Fóiadha..., bueno, Spock, para aclararnos, y me tendió su verdosa mano.

—¿Qué hay? —le respondí yo, y desde ese momento me cayó bien. Creo que nos caímos bien mutuamente. Es un tío..., un marciano simpático y tranquilo. Es fácil vivir con él. Yo no había tenido nunca ningún alumno, ni sabía exactamente qué era lo que se esperaba que hiciese con él. Por su parte, Spock lo curioseaba todo con los ojos muy abiertos, pero se mostraba tímido a la hora de preguntarme, como si, por alguna razón incomprensible, me tuviera miedo.

Como digo, las cosas fueron un poco tensas durante los primeros días, hasta que nos acostumbramos el uno al otro. Si

---

2 **inocuo** unschädlich, harmlos – 12 **sudoroso** schweißbedeckt – 12 **veraneante** Sommerurlauber – 14 un **cangrejo** Krebs – 15 **encalar** tünchen, kalken – 15 un **tejado a dos aguas** Satteldach – 20 **proporcionar** beschaffen, versorgen – 24 **caer bien** gefallen – 31 **tenso** (an)gespannt

no hubiera decidido conformarme con mi triste situación, los nuevos acontecimientos me lo ponían muy claro. Resultaba evidente que mis planes de venganza resultaban inútiles ahora. Ya podría haber ido matando uno a uno a todos los marcianos que me enviasen como alumnos hasta que dejara de ser divertido, si es que uno puede aburrirse de matar gilipollas de formas creativas, que seguirían llegando uno tras otro. Si no se trata de masacrar tipos verdosos en masa, la cosa pierde interés. Por otro lado, ya he dicho que Spock es un marciano agradable, y no tuve ánimos de hacerle pagar las faltas de sus compañeros.

Nos pasábamos las tardes viendo películas porno en el vídeo. A Spock le entusiasma la tele. El único problema es que no hay nadie que emita nada, así que tenemos que poner el vídeo todo el rato. Y no parece que el porno le disguste al salido éste.

Lo que inició la lenta caída de los marcianos fue una película guarra, fíjense ustedes. Me explico. Esa tarde había sido tediosa. La empleamos casi en su totalidad en que Spock entendiera la utilidad del microondas. En más de una ocasión cruzó por mi cabeza la idea de decir que se trataba de un secador de pelo. No lo hice. En su lugar, le demostré el inmenso progreso que supuso la incursión del horno microondas en la cocina moderna, con la ayuda de una sopa de sobre. Spock sorbió con cuidado su taza de sopa, me miró fijamente y dijo:

—No lo entiendo.

Casi pude haber coreado esas palabras con él. «No lo entiendo» supone el cincuenta por ciento de su conversación. Armándome de paciencia con el pobre tonto espacial, empecé con el turno de ruegos y preguntas de mi clase.

—¿Qué no entiendes, Spock?

—Existe una paradoja en la tesis de uso de este electrodoméstico.

2 un **acontecimiento** Ereignis – 3 **la venganza** Rache – 10 **tener ánimo(s)** Kraft/Mut haben – 14 **emitir** senden, ausstrahlen – 15 **salido** *coloq* brünstig, geil – 17 **guarro** *Esp* anstößig – 17 **tedioso** langweilig – 20 un **secador de pelo** Föhn – 22 **una incursión** Einzug – 23 **sorber** schlürfen – 26 **corear** mitsingen, *aquí:* nachsprechen – 29 un **ruego** Bitte

Y esto con un microondas de mierda. No les quiero ni contar el lío que se hizo con la «tesis de uso» de un partido de fútbol. Fue incapaz de ver fin alguno en el hecho de que todos esos individuos se empeñasen en disputarse un balón.
5 Desistí de explicárselo a las cuatro horas. Pero sigamos con el microondas. Le pregunté:

—¿No entiendes cómo funciona?

—No. Eso es sencillo. Se trata de un generador de frecuencias algo rústico. El problema es el siguiente, David. Dices que la
10 utilidad principal de este artefacto es aumentar la temperatura de los alimentos para que su ingestión sea más tolerable. ¿Correcto?

—Si —respondí, preparado para la siguiente tontería.

—Pero, si se tiene en cuenta que preparáis vuestra dieta
15 calentando los nutrientes básicos, ¿qué sentido tiene que volváis a calentarlos?

—Hombre, se supone que caliento comida que ya está fría.

—¿Por qué está fría?

—Pues… No sé. — ¿Comprenden ahora mi sufrimiento?—.
20 Supón que la he hecho antes, y que me la quiero comer dentro de dos horas…

—Hazla dentro de dos horas.

Por suerte, los fabricantes de microondas no tuvieron que enfrentarse a Spock.

25 —¿Y si no puedo cocinar dentro de dos horas?

—¿Por qué razón? Inquiero más, ¿cómo sabes que no vas a poder cocinar dentro de dos horas?

—Pues…—En estos momentos se me solían empezar a saltar las lágrimas—. No lo sé. Puede haber muchas razones.

30 —Enumera.

—Vete a la mierda.

No se crean que esto lo molestaba. En nuestra peculiar relación, había quedado claro que, cuando yo decía «Vete a

---

2 un **lío** Chaos, Durcheinander – 3 un **fin** Zweck – 4 **empeñarse** hartnäckig bestehen –
5 **desistir** aufgeben – 15 un **nutriente** Nahrungsmittel – 26 **inquirir** untersuchen –
30 **enumerar** aufzählen – 32 **peculiar** besonders, eigentümlich

la mierda», eso significaba que Spock no iba a obtener más información de mí. No sé si pensaba que esas palabras tenían algún sentido literal. Seguro que en un principio sí, pero supongo que el pobre, a la quinta, comprendió que no podía entrar en el retrete sin lesionarse alguna parte importante de su escurrido cuerpo, y dedujo que no le estaba indicando que la respuesta a sus dudas estaba en mis deposiciones.

Ya era de noche, y el asunto del microondas estaba zanjado. Respiré profundamente tres veces para alejar de mí la furia, y le pregunté:

—¿Qué quieres hacer ahora?

—Ver una película porno.

Ya les hablé de su fijación. Parecía un auténtico obseso, peor que yo. Nos fuimos al salón y encendí el vídeo. La película estaba cargada dentro, para no perder tiempo. Imagínense la situación: yo, sentado junto a un marciano verde, delante del televisor y viendo una vieja película marrana que me sé de memoria. La verdad, empecé a plantearme si los afortunados no habían sido el resto de la humanidad.

A los cinco minutos me levanté a por una cerveza y, cuando regresé junto a Spock, observé que las dos trompetas que usa como orejas se movían arriba y abajo. Esto es una clara señal de que algo rondaba por la cabeza de mi amigo. En cuanto me senté junto a él, dijo:

—Habría sido mejor que te permitiéramos conservar una compañera del otro sexo.

Claro que sí, Spock, no lo sabes tú bien. He de decir que tengo a mi disposición todas las muñecas hinchables del mundo, y a algunas de ellas hasta les he llegado a tomar cariño, las invito a cenar, y les regalo flores. Aun así, no es lo mismo. Echo de menos… lo que echo de menos, todos me entienden. Todos los que no sean como Spock y sus hermanos. Para estos

---

5 un **retrete** WC – 6 **escurrido** mager, dürr – 7 la **deposición** Stuhlgang – 8 **zanjar** lösen, beilegen – 13 una **fijación** Schwäche, Besessenheit – 17 **marrano** dreckig – 18 **plantearse** überdenken – 28 una **muñeca hinchable** Gummipuppe – 29 **tomar cariño** lieb gewinnen

tíos, la reproducción es algo más bien engorroso. Llegué a plantearme hacérmelo con una marciana, pero… no. Si algún día ven una, me entenderán.

A lo que íbamos. Spock siguió con sus cavilaciones en voz alta.

—Vuestra sexualidad resulta apasionante. — Un golfo, ya se lo dije—. Es tan compleja…, tan variada. Suerte que contáis con estos videos didácticos.

Sí que es una suerte, Spock. De no ser por estos «vídeos didácticos», las noches de los sábados se nos harían largas y aburridas a muchos de nosotros. Yo no respondía a ninguno de sus comentarios. No lo hacía por mi bien. Si se me ocurría decir cualquier cosa, aunque fuera un «sí» o un «no», estaba listo. Me vería sometido a una batería de preguntas sin sentido. Como ven, me planteé que el resto de mi existencia discurriera de la manera más relajada posible. Algunos podrán pensar que tenía la resignación de una res en el matadero. Es posible. Lo cierto es que, de momento, la situación no era mala. Comía, veía la tele, y en ocasiones me divertía con las preguntas de Spock. Sólo un pequeño resquemor en el fondo de mi alma hacía que mis noches no fueran tranquilas. Esa desazón fue la que me hizo preguntarle, cuando llevábamos media hora viendo posturas increíbles y oyendo jadeos mal sincronizados con los movimientos de las bocas:

—Oye, Spock, ¿qué haréis conmigo cuando te lo haya enseñado todo?

—Te mataremos — respondió imperturbable, y siguió observando la tele. No podía negar que eran claros desde un principio. Todo un detalle de su parte, no andarse con sutilezas.

Como siempre, terminé por quedarme dormido, sin reparar en que algo de lo que había dicho Spock era muy importante, vital para la rebelión de la raza humana, léase, de mí.

---

1 **engorroso** umständlich, lästig – 4 una **cavilación** Grübelei – 15 **discurrir** verlaufen, verstreichen – 17 una **res** Vieh, Rind – 20 un **resquemor** Ressentiment, Groll – 21 la **desazón** Unbehagen – 23 una **postura** Stellung – 23 un **jadeo** Keuchen – 27 **imperturbable** unerschütterlich – 31 **reparar** en uc wahrnehmen, merken

Pocos días después de la escena que acabo de describir, nos encontrábamos, mi amigo idiota del espacio y yo, sentados de nuevo en el sofá, frente a la tele.

—Pon la película, por favor —no tardó en exigir.

Me levanté perezosamente, y tomé la cinta del montón que se apilaban sobre el televisor. Me equivoqué. Por algún misterioso capricho del destino, no puse ninguna película porno. Yo no fui responsable de ese accidente, se lo juro, ni alcancé a ver las importantes consecuencias que trajo. En la pantalla apareció el viejo Errol Flynn interpretando al capitán Blood.

Me apresuré a reparar mi error. Estaba harto del porno, pero una de piratas ya era demasiado. Y entonces caí en la cuenta del extraordinario efecto que esa vieja película estaba teniendo sobre Spock. Sus ojos desorbitados, la boca abierta, y las manos con todos sus dieciséis dedos crispados. Dejé que la cinta continuara. Spock apenas pestañeó durante toda la proyección. Al desaparecer el «THE END» de la pantalla, me tomó la mano, apremiante y, con la misma expresión que debió de poner quien descubriese las aceitunas sin hueso, exclamó:

—¡Asombroso! ¡De todo punto asombroso!

—¿El qué? —Hombre…, el señor Flynn está bien, pero no es para tanto.

—¿Cómo es posible? —continuó Spock—. ¿Cómo hicisteis esta película?

—No te entiendo — respondí con sinceridad.

—Es una filmación muy antigua, ¿no es así?

—Claro — y, sin darme tiempo a precisarle más o menos la fecha de rodaje, soltó con entusiasmo su discurso.

—Lo deduje por las armas rudimentarias que se emplean en el combate. Lo que me asombra es el anacronismo… No, no lo llamaría así. Se trata, mejor dicho, de una evolución tecnológica atípica. No es que exista un patrón universal del

---

5 una **cinta** Band – 6 **apilarse** sich türmen – 12 estar **harto** de uc/up überdrüssig sein – 15 **desorbitados** weit aufgerissen – 17 **pestañear** blinzeln – 19 **apremiante** dringlich – 21 **asombroso** erstaunlich – 29 la **fecha de rodaje** Drehjahr – 31 un **combate** Kampf, Schlacht

progreso científico para todas las culturas. Sin embargo, nunca había aparecido una diferencia tecnológica tan acusada en dos campos. Por lo general (o, mejor dicho, hasta ahora), siempre que una cultura alcanza cierto progreso científico, aplica este hallazgo a la mayoría de las facetas de su vida. Tu especie resulta extraordinaria en muchos aspectos.

No cogí ni una. No tenía ni idea de qué coño estaba diciendo.

Spock se dio cuenta, y continuó su perorata.

—Los combates que aparecen filmados en esta película muestran una tecnología armamentística poco más que rupestre. En cambio, poseíais suficiente conocimiento en óptica, electrónica y todos los campos necesarios para tener cámaras capaces de filmar lo ocurrido…, aunque, eso sí, en blanco y negro. ¿Cómo es que no utilizasteis toda esa tecnología en mejorar vuestras armas?

—Esto sólo es una película, Spock —le respondí a mi amigo, intentando aclararle las ideas, sin éxito alguno. Siguió mirándome pasmado.

—¿Qué quieres decir con que «sólo» es una película? Este documento, esté en el formato en que esté, sigue planteando paradojas…

No podía soportar otra charla como la de antes. Lo interrumpí.

—No es real. Son actores interpretando un papel.

—¿Interpretando? — preguntó, aún más atónito.

—Sí. Fingen que son piratas. Se aprenden sus papeles y…

Desistí. Era como hablar con un chino. Con un chino imbécil. No entendía ninguna de mis palabras. ¿Y estos tíos mandan en el universo?

—No comprendo bien el concepto «fingir».

—¡Coño, Spock, pareces tonto! — Tras esta explosión de frustración, traté de ser más comprensivo—. Ellos hacen como

---

2 **acusado** ausgeprägt – 5 un **hallazgo** Entdeckung – 9 una **perorata** Tirade –
12 **rupestre** Felsen- – 19 **pasmado** verblüfft – 27 **fingir** vortäuschen; so tun, als ob

si fueran piratas, sin serlo realmente. Su trabajo es ése: tomar los papeles de otras personas.

—¿Con qué finalidad?

—Para divertir.

Spock no se quedó satisfecho, ni mucho menos. Se levantó pensativo y se retiró a su cuarto. Al día siguiente volvió a preguntarme sobre el capitán Blood, y no conseguí que una sola idea clara entrase en su cerebro verde.

Fue al anochecer, acostado en compañía de un atroz dolor de cabeza fruto de la insistente curiosidad de Spock, cuando la verdad acudió a mis torpes entendederas. Era imposible que entendiese nada relacionado con los aspectos lúdicos de nuestra cultura, porque los marcianos no se divierten. En los seis meses que llevaba conviviendo con ellos, había observado que todas sus actividades tenían alguna utilidad práctica. Ningún instante de ocio, ni de descanso. Cuando Spock jugaba conmigo al fútbol, o veía una película porno, estaba estudiando. Al pobre marciano le era imposible entender qué era una película, porque, en sí, es un objeto sin ninguna utilidad práctica. Por eso creyó que *El capitán Blood* era una filmación real, y que las películas porno eran «vídeos educativos».

Son una especie puramente pragmática, incapaz de disfrutar. Supongo que no les hace falta. No saben divertirse y, como me había demostrado más de una vez, tampoco saben mentir. Desde un principio me comunicaron cuál sería mi triste final, sin tener miedo a una posible rebeldía. Si no saben mentir, es inútil pretender que entiendan el arte.

Encantadores.

Tras esa noche de hallazgos, mi curiosidad por Spock y sus amigos aumentó. Siempre he creído firmemente en la existencia de extraterrestres, y me gustaría que aquellos chorras que se reían de mí pudieran ver cómo es hoy la Tierra.

8 un **cerebro** Gehirn – 9 **atroz** schrecklich – 11 **entendederas** *coloq* Grips, Verstand – 12 **lúdico** spielerisch – 16 el **ocio** Freizeit, Muße, Nichtstun – 28 **encantador** bezaubernd, entzückend – 32 **chorra** *adj Esp coloq* Idiot

Esta profunda fe debiera haberme empujado a investigar desde un principio sobre los marcianos invasores. Me temo que mi proverbial desidia me lo impidió. Después del fortuito descubrimiento de sus peculiaridades, me dediqué a interrogar a Spock.

5 Como ya sabía que no mienten, fui directo, sin rodeos, y recibí respuestas directas y sin rodeos. Los marcianos controlan toda la galaxia. Son una raza de lerdos sin una pizca de imaginación, y gobiernan sobre millares de estrellas. ¿Cómo? Pues porque son una pandilla de cabrones muy eficientes.
10 Careciendo como carecen de la mínima chispa de ingenio en sus cerebros, son una especie incapaz de ningún progreso científico, condenados a la barbarie por toda la eternidad. A pesar de esto, la falta de creatividad no supone necesariamente falta de inteligencia y, en su caso, además se añade, como ya he
15 dicho antes, un sentido práctico, frío y calculador de las cosas.

Así, cuando, hace millones de años, una nave de unos pobres tíos de no sé qué estrella llegó inocentemente a su planeta, ellos se los cepillaron a todos menos a uno, y obtuvieron de él la tecnología necesaria para el viaje espacial. Y así es como han
20 llegado a dominar el universo: paulatinamente, aniquilando a todo ser inteligente a su paso y chupando como sanguijuelas los conocimientos de cada civilización que devastaban. Los mayores parásitos del cosmos.

Tras mucho viajar conquistando estrellas, llegaron a la Tierra,
25 y aquí se encontraron al pobre colgado de David, servidor. Ése fue su gran error.

Debo reconocer que mi vida, hasta el martes en que los marcianos llamaron a mi puerta, no había sido ejemplar. Más de una vez estuve a punto de dar con mis huesos en presidio,
30 y no sin causa justificada. Nunca quise a nadie ni nadie me quiso sinceramente y, si tocamos el tema económico, podemos

---

2 la **desidia** Nachlässigkeit, Trägheit – 2 **fortuito** zufällig – 5 **sin rodeos** ohne Umschweife – 7 **lerdo** schwerfällig – 9 una **pandilla** Bande – 10 **carecer** de nicht haben, ermangeln – 10 la **chispa** Geist, Esprit, Witz – 14 **añadirse** hinzukommen – 20 **paulatinamente** nach und nach, langsam – 20 **aniquilar** vernichten, auslöschen – 21 una **sanguijuela** Blutegel – 22 **devastar** verwüsten – 25 un **servidor** Diener

decir que el dinero y yo no somos buenos amigos. Pero en toda esa vida triste y oscura siempre hubo algo hermoso, algo que brillaba inmaculado por muchas iniquidades que cometiera: mi amor por la ciencia ficción.

A lo largo de los años he leído o, mejor dicho, he devorado con fruición toda novela, cuento, revista, fanzine, película o cómic de género que llegaba a mis manos. Esas hermosas visiones de lugares desconocidos, sorprendentes y, sobre todo, diferentes de todo cuanto me rodeaba, me producían más placer que todo el porno de mundo, mi segunda afición. Idolatraba a los grandes escritores del género. Los envidiaba porque de sus cabezas bullían ideas tan brillantes, tan diferentes y tan únicas que en alguna ocasión tuve que cerrar un libro y salir a respirar aire fresco sobrecogido por algún relato. En definitiva, el autor de ciencia ficción es lo opuesto de los marcianos, con sus verdes mentes yermas. Esta idea fue la que acabó con la invasión marciana. Poco sabían los grandes maestros que sus maravillosas ficciones serían el arma definitiva en la guerra para la liberación de la Tierra. Caí en la cuenta mientras desenvolvía los paquetes llenos con mi colección de cientos de volúmenes, que había pedido a Spock que me trajera. Contemplando esas páginas gastadas, amarillas y mil veces releídas, me supe vencedor y esperé mi oportunidad.

Ésta llegó pocos días después. Yo simulaba que leía una novela, entretenido, cuando llegó Spock.

—¿Qué haces? —preguntó el pobre infeliz.

—Leo una historia muy antigua.

Fue tan fácil... Pensé que me costaría varios días que entrase al engaño y, sin embargo, lo hizo a la primera.

—¿Podrías leérmela?

Y, con estas palabras, Spock sentenció a su pueblo.

---

2 **inmaculado** rein, unbefleckt – 2 una **iniquidad** Gemeinheit, Niederträchtigkeit –
4 **devorar** verschlingen – 9 una **afición** Vorliebe, Hobby – 11 **bullir** sprudeln –
13 **sobrecoger** erschrecken, beängstigen, überraschen – 15 **yermo** öde, (*Feld*)
brach(liegend) – 29 un **engaño** Betrug, List

Había estado varios días indeciso con respecto a cuál sería el primer proyectil de mi arsenal literario. Pero la elección fue acertada. Comencé con «Tumithak de los corredores», un cuento de Charles R. Tanner, de 1932, que reunía las
5 condiciones idóneas: la humanidad, devastada y humillada, salía de sus madrigueras y se rebelaba contra el invasor. Sin dejarle tomar aliento, y en la misma noche, seguí con «Tumithak en Shawm». Al terminar, Spock dijo, con las trompetillas auditivas totalmente enhiestas:
10 —Pero en Venus no existe ninguna especie. Es un lugar inhóspito con una atmósfera de dióxido de carbono.

Se refería a los aracnoides shelks que invadían la Tierra en el relato de Tanner.

—Ahora no, por supuesto — respondí con parquedad. Como
15 era de esperar, a Spock no se le pasó por la cabeza en ningún momento que se tratase de una ficción. Desde el principio creyó que era una crónica de la historia de mi planeta. La ciencia ficción es un concepto totalmente ajeno a su estéril realidad.

20 El valiente Tumithak, que lideraba solo la rebelión de los hombres contra los todopoderosos shelks, introdujo la duda en la mente de Spock. «¿Tan peligrosos son estos humanos?», pensó mi cándido alumno. Eso no fue nada. Aún tendría que digerir más. Continué con la artillería pesada. El viejo L.
25 Ron Hubbard con su *Campo de batalla: la Tierra*. Esto, por sí solo, podría acabar con cualquier invasión. Pero le siguieron la trilogía de los Trípodes, de John Christopher, *La guerra de los mundos*, del maestro H. G. Wells (cómo no), *La guerra interminable*, de Joe Haldeman, y no sé cuántos más. Decenas
30 de historias de hombres heroicos que luchan y vencen a terribles enemigos del espacio exterior. Hasta le puse algún episodio de *Star Trek*.

---

5 **idóneo** geeignet, tauglich – 6 una **madriguera** Schlupfwinkel – 9 **enhiesto** aufrecht, emporgerichtet – 11 **inhóspito** unwirtlich – 12 **aracnoide** spinnenähnlich – 14 **con parquedad** wortkarg – 18 **ajeno** fremd – 23 **cándido** naiv – 24 **digerir** verdauen, *fig* verkraften, verarbeiten

Cuando llegamos a las *Tropas del espacio*, de Roben A. Heinlein, el enemigo se rindió. Spock entró en mi cuarto, con el gesto muy grave, y presentó la capitulación de los marcianos.

—David, debo decirte algo importante. Al estudiar vuestra historia hemos descubierto que ha habido en ella una infinidad de intentos de someter a tu especie por parte de potencias de otros sistemas estelares. Y, antes o después, estos intentos han fracasado. El hombre ha sido el causante de la aniquilación de cientos de civilizaciones mucho más poderosas que la suya desde el punto de vista tecnológico. Por lo tanto, tememos por nuestra seguridad. Creemos que debemos eliminarte. — Por un instante, mi corazón dio un brinco—. Sin embargo, no sería adecuado acabar con una especie tan poderosa que puede proporcionarnos grandes beneficios. Por ello queremos llegar a un acuerdo contigo.

Y, por eso, ahora soy el emperador del universo.

Sí, gobierno sobre miles de estrellas, el imperio de los marcianos. En realidad, mi título es puramente honorífico. Me limito a no aniquilar a los marcianos, ya que ellos me creen capaz de hacerlo, y, a cambio, estoy vivo y ellos satisfacen todos mis caprichos. Por ejemplo, tengo en mi posesión todos los artículos porno de todas las *sex shops* de la Tierra y, si me canso de ellos, puedo obtener cualquier espécimen alienígena capaz de mantener algún tipo de contacto sexual. Por desgracia, no son muchos, y con la mayoría me siento como si me tirase a una lavadora.

Salvo algún pequeño inconveniente (por ejemplo, se acabó el fútbol), soy feliz. Pese a todo, el hombre ha triunfado, como mis adorados augures de la ciencia ficción pronosticaban años atrás. Es el hombre quien ha ganado la última partida y, aunque cuando yo muera la humanidad se habrá terminado, lo hará con la cabeza bien alta.

Ahora todo es perfecto.

2 **rendirse** sich ergeben – 6 **someter** unterwerfen – 8 **fracasar** scheitern –
8 **aniquilación** Vernichtung – 12 **dar un brinco** springen, hüpfen, *aquí:* stolpern –
23 **espécimen alienígena** außerirdischen Wesen – 25 **tirarse a up** *vulg* es mit jemandem treiben – 28 **pese a** trotz – 29 un **augur** Wahrsager

Casi todo.

Ayer vino Spock, mi chambelán, a darme parte de las últimas conquistas. En fechas recientes, mis marcianos tomaron un mundo y, como es su costumbre, ejecutaron a todos sus habitantes menos a uno. Empezaron las investigaciones sobre la tecnología local, y ese individuo les contó que un extraño y alargado artilugio terminado en unas enormes cuchillas dentadas, sin duda una especie de batidora, no era más que un enema. Las consecuencias fueron desastrosas.

¿Tenemos a un cabrón ingenioso entre nosotros? ¿Por fin ha aparecido otra especie con un mínimo de imaginación en el universo? Tengo que solucionar esto.

---

2 un **chambelán** Kammerherr – 4 **ejecutar** hinrichten – 7 **artilugio** *pey* Ding – 8 **batidora** Mixer – 9 un **enema** Klistier, Einlauf

Elia Barceló

2084 – Después de la revolución

En mitad del desierto de Mongolia, detrás de unas lomas artificiales, aterrizó poco antes del atardecer un helicóptero de última generación; una pareja de naturales españoles, cartaplatinos de Madrid, bajó del vehículo. De inmediato, sus sirvientes les tendieron los abrigos rellenos de plumas que habían mandado confeccionar para sentirse como en pleno siglo XX y empezaron a preparar el refrigerio que los señores tomarían a su regreso.

El frío era intenso, pero el aire era claro y, aunque olía un poco a quemado, no resultaba demasiado desagradable. Era lo que esperaban, de todas formas.

El hombre y la mujer se miraron entusiasmados, remontaron una pequeña colina y, en la cima redondeada, tomaron asiento en un banco acolchado frente a uno de los espectáculos artificiales más impresionantes del planeta.

—¡No me puedo creer que estemos de verdad aquí, después de tanto hablar de ello! —dijo la mujer con un suspiro de satisfacción, mirando a su alrededor.

—Te prometí que conseguiría los permisos como regalo de cumpleaños de nuestro hijo, y aquí estamos, Almudena, aquí estamos.

—Es curioso que hace cien años toda esta extraña belleza fuera algo que nadie apreciaba; que pensaran que era basura y quisieran reciclarlo para vulgarizarlo otra vez.

---

3 una **loma** Hügel – 6 un **cartaplatino** *Wortkreation der Autorin* (auf natürliche Weise geborene/r) Angehörige/r der obersten gesellschaftlichen Schicht (Besitzer/in eines Platinausweises) – 9 un **refrigerio** Imbiss, Erfrischung – 14 **remontar** hinaufgehen – 15 una **colina** Hügel – 15 una **cima** Spitze – 16 **acolchado** gepolstert

—Los antiguos pensaban de otro modo. Aunque siempre hubo gente que apreciaba las ruinas; solo que antes eran de mármol.

Él le cogió una mano gorda, adornada con valiosos anillos en varios dedos, y contemplaron, emocionados, la inmensa llanura cubierta de plásticos que se extendía hasta donde alcanzaba la vista. El sol ya rojizo que había comenzado su carrera final hacia el horizonte sacaba brillos acuáticos de las superficies, se estrellaba en las aristas de los contenedores de toda clase arrancándoles destellos casi de cristal, creaba una fantasía traslúcida en todo lo que abarcaba la vista.

Una ligera brisa, como un escalofrío, pasó por el campo de plástico haciéndolo vibrar.

—¡Nos han dicho la verdad, Rodrigo! —exclamó ella con una alegría casi infantil—. Al atardecer se levanta el viento. ¡Podremos verlo!

Él sonrió orgulloso, conmovido ante la felicidad de su mujer y satisfecho de tener una esposa tan sensible a la belleza.

La brisa fue subiendo de intensidad mientras el sol bajaba y se iba poniendo cada vez más rojo. Con el viento, centenares de jirones de plástico se levantaron del suelo y empezaron a danzar en círculos, en espirales, como grandes mariposas extrañas atravesadas por los rayos del sol dorados, rojizos, anaranjados, mientras un silbido espectral se adueñaba de la escena; el silbido del viento entre los envases, punteado de crujidos procedentes de otros plásticos cautivos, aprisionados por objetos pesados, que no conseguían liberarse y volar.

—¡Cuánta belleza! —suspiró ella, apoyando la cabeza en el hombro de su marido—. ¡Es tan romántico!

Y él, rebosante de satisfacción, se apoyó la mano libre en la considerable panza que tensaba su anorak, sintiéndose como un viajero del siglo XVIII frente a las ruinas de la Acrópolis.

---

6 una **llanura** Ebene, Flachland – 8 el **brillo** Glanz – 9 una **arista** Kante – 10 un **destello** Strahl, Schimmer – 12 un **escalofrío** Schauder – 21 un **jirón** Fetzen – 23 una **mariposa** Schmetterling – 24 **espectral** gespenstisch – 25 un **silbido** Pfeifen – 26 un **crujido** Knistern – 28 **apoyar** lehnen – 30 **rebosante** (de) überquellend (vor)

Aunque se había dado perfecta cuenta de que alguien había abierto la puerta del cuarto, la voz la sobresaltó.

—¿Qué es eso?

Laia había hecho lo posible para girarse hacia la ventana y dejar claro que no tenía interés en hablar con nadie, pero la muchacha que acababa de entrar no parecía haber notado que quería que la dejaran en paz.

—¿Que es ese trasto? —insistió.

—¿Cómo dices?

—Eso que tienes en las manos.

La recién llegada la miraba con una especie de fascinación asqueada, como si lo que sujetaba entre las manos fuera un reptil reventado por una piedra. La chica, de su edad más o menos, sobre los veinte, tenía el rostro que había estado de moda cinco o seis años atrás: bonito de un modo vacuo y superficial; uno de esos rostros que se olvidan de inmediato porque hay miles casi iguales. Iba vestida con ropa ajustada de un rosa casi ofensivo. Era evidente que se trataba de una soma de la clase más baja.

—Un ebook.

—¡Joder! ¡Qué trasto más antiguo! Si no tiene 3D... si ni siquiera se mueve nada en la pantalla... y es en blanco y negro... ¿Por qué tienes eso?

—Porque me gusta leer.

Si no fuera por la terrible tristeza que la llenaba, se habría echado a reír solo al ver la expresión de su compañera de cuarto.

—¿Leer? ¿Para que? —preguntó por fin la recién llegada sin dejar de mirarla.

—Sería largo de explicar y además no tengo ganas de cháchara.

---

8 un **trasto** *coloq* Zeug – 12 **asqueado** angeekelt – 13 **reventar** *aquí:* zerquetschen, zermalmen – 15 **vacuo** leer – 18 un/a **soma** *cif Wortkreation der Autorin* Angehörige/r der unteren Mittelschicht

Se giró ostentativamente hacia la ventana mientras la otra empezaba a deshacer su enorme maleta, no sin antes haber conectado la pantalla que ocupaba la mitad de la pared de enfrente de su cama. Un programa de moda lleno de música chillona, risitas histéricas y mujeres somatizadas.

—Si vas a ver esa mierda, ponte los cascos. No puedo concentrarme.

La muchacha se encogió de hombros, se puso la diadema y las voces callaron.

—¿Cómo te llamas? —preguntó mientras colgaba prendas de colores en el armario.

—Laia.

—Yo soy Sole. Soy sevillana. ¿Y tú?

—Yo no.

—Hija, ¡qué barbaridad! Hay peces con más labia…
Venga, dime, ¿de dónde vienes?

—Yo no vengo. Me han traído.

—¿Te han traido? ¡Venga ya! Pero si hacen falta tropocientas pruebas para que te acepten en el programa… Es un honor estar aquí. Un privilegio que pocas consiguen.

—Se te ha pegado toda la retórica de la casa, por lo que veo.

Sole miró a Laia con una expresión que le dejó perfectamente claro que no tenía ni idea de lo que significaba «retórica».

—¿Cómo que te han traído? —volvió a insistir.

Al parecer había tenido la desgracia de que le tocara una compañera particularmente dicharachera.

—Me han secuestrado, ¿vale?

—¿Secuestrado?

—¿Eres sorda? Sí. Secuestrado. Cuando volvía del bosque, de coger setas, aparecieron, me amordazaron, me maniataron y me trajeron aquí. Pero los míos me sacarán. Vendrán a buscarme.

---

1 **ostentativamente** offensichtlich – 18 **tropocientos/as** Fantasiewort für eine große Zahl („Hunderte von …") – 21 **pegar** *coloq* anstecken – 26 **dicharachero** spaßhaft, geschwätzig – 27 **secuestrar** entführen – 29 **sordo** taub – 30 una **seta** Pilz – 30 **amordazar** knebeln – 30 **maniatar** → **mano** an den Händen fesseln

—¿Bosque? ¿Setas? ¡Venga ya, tía! ¡Cómo se te va la olla! ¡Ahhh! —La repentina comprensión iluminó el rostro moreno de Sole—. ¿Eres de una ecoaldea?

—Soy ciudadana de una Comunidad Libre de los Pirineos. —Como siempre que tenía ocasión de decirlo, Laia sintió cómo la llenaba el orgullo de pertenecer a una de las pocas comunidades de ciudadanos que quedaban en España.

—Terroristas.

—Ciudadanos libres. Luchadores por la libertad.

—Esa es una mala palabra.

—No lo es, imbécil. Y tú antes has dicho «joder».

—Joder es bueno, es natural, es humano.

—Ya. Y todo lo natural es bueno, ¿no?

—Pues claro.

—Entonces debería gustarte la libertad.

—La… eso… no es natural. Es una mentira que se creían nuestros abuelos y que los llevó a la catástrofe.

Laia se echó a reír. Conocía los argumentos desde su infancia.

—Ya. Y la igualdad también es una mala palabra y una mentira, ¿verdad? Es eso lo que os enseñan de pequeños, ¿no?, en los dos o tres años de escuela que tenéis.

—Tenemos cuatro —contestó Sole, picada.

—Para que aprendáis a leer lo justo, y nociones de cuentas, y las consignas del gobierno, por supuesto, aquello de que estar aquí es un privilegio, y que lo natural es lo mejor, y que cada uno vive en el estamento que le corresponde porque en todo estado se sirve al bien común. Ah, y por supuesto, que nuestro amado Consejo vela por todos nosotros, día y noche, año tras año tras año, sin que los ciudadanos tengan que tomarse la molestia de elegir a sus integrantes.

—No se por qué lo dices con ese recochineo.

---

1 **írsele la olla** a up *coloq* Unsinn reden/machen – 3 una **ecoaldea** Ökosiedlung, Ökodorf – 9 **un/a luchador/a** Kämpfer/in – 25 una **consigna** Weisung – 27 un **estamento** Gesellschaftsschicht – 29 **velar** por wachen über – 32 el **recochineo** Spott

—No es recochineo; es sarcasmo, estúpida.

Sole cerró la maleta con fuerza, como zanjando la discusión.

—Voy a llevarla al trastero. Y luego es casi la hora de cenar. ¿Quieres que vuelva a recogerte y vamos juntas?

—No pienso ir a cenar. Aquí seguro que no dan más que mierda química —dijo Laia con rabia.

Sole cambió su peso de uno a otro pie, esperando. Laia clavaba la mirada en la antigualla con obstinación. Sole pensó que Laia era muy guapa, como una natural; aunque para ser natural estaba demasiado flaca. Tenía los dientes de delante un poco separados, un lunar bajo el ojo derecho y unas cejas espesas, oscuras y arqueadas. ¿Los terroristas se somatizaban también? O a lo mejor no le había mentido. A lo mejor la habían secuestrado de verdad precisamente por ser tan guapa, tan distinta de las demás. Justo lo que buscaban los naturales.

—Entonces ¿no vienes?

—¡Nooo! ¡Déjame en paz, soma!

Sole se marchó, pensando que también era mala pata haber dado precisamente con esa compañera de cuarto cuando había tantas chicas agradables alrededor, orgullosas y encantadas de haber sido elegidas y de estar viviendo el primer día en su nueva casa.

—¿Tienes que marcharte ya mañana?

Alfonso acababa de leer el mensaje con la fecha. Su mujer, Lola, estaba arreglándose para bajar a cenar y, como siempre, sin saber exactamente por qué, se sentía insultada por lo que le parecía una falta de respeto por parte de los clientes.

—Ya podían haberte avisado un poco antes. Como si no tuviéramos otra cosa que hacer…

---

3 un **trastero** Abstellraum, Rumpelkammer – 8 **clavar** la mirada den Blick heften – 8 una **antigualla** Kram – 11 un **lunar** Leberfleck – 12 **espeso** dick, dicht – 12 **somatizarse** cif Wortkreation der Autorin sich einer genmodifizierenden „Schönheits-OP" unterziehen – 18 la **mala pata** coloq Pech – 26 **insultar** beschimpfen, beleidigen

Se repasó de nuevo la raya con el lápiz, a pesar de que la tenía tatuada en el ojo, y se miró al espejo, satisfecha con los resultados. En ella, la genomización había valido la pena. Cuando pensaba en lo pequeños que tenían los ojos sus padres, se alegraba todavía más de que hubieran podido recuperar para ella la preciosa forma almendrada de los de su bisabuela.

—Es nuestro negocio, Loli. Y si quieren que vaya mañana, es mañana, que le vamos a hacer.

—Pero mañana es la bienvenida a las nuevas.

—Sí, y tú lo haces mejor que nadie. —La besó en la punta de la nariz—.Todo tiene que estar listo para salir de aquí a las siete. Hay un largo viaje hasta Pekín.

—Descuida. Después de cenar lo arreglo todo. ¿Crees que tendremos problemas con la nueva?

Alfonso miró a su mujer sin comprender.

—La rara. La «libre».

El se echó a reír.

—No. No hay que preocuparse. Se adaptará pronto. Como todas.

Laia tenía hambre y estaba furiosa. Siguiendo las enseñanzas de sus maestros, se había esforzado por no pensar en lo sucedido, por tachar el pasado cercano para que dejara de hacerle daño.

«El pasado personal no se puede cambiar», le habían dicho. «De modo que es absurdo recordarlo, darle vueltas, pensar cómo habría sido si hubiese sido distinto. Es necesario minimizar el dolor privado para poder luchar por el futuro. El pasado colectivo, sin embargo, hay que recordarlo para que no se repita. Cuando estéis mal por algo que os ha sucedido a vosotros, en vuestra pequeña vida, tachadlo y pensad

---

3 la **genomización** genmodifizierendes Verfahren zur Erreichung eines (schönheits) idealen Aussehens – 6 ojos **almendrados** Mandelaugen – 23 **tachar** *aquí:* löschen

solamente en lo que a todos nos importa, en mantener los valores por los que se rige nuestra existencia: la libertad, la igualdad, la solidaridad».

Había intentado hacerlo, pero no lo conseguía. Los recuerdos se empeñaban en volver, como aves carroñeras.

Se puso de pie bruscamente y, aprovechando que estaba sola, sacó de la maleta el medallón, lo besó y buscó donde guardarlo para que estuviera a salvo de la curiosidad de Sole. Luego metió en el armario las poquísimas cosas que había traído de su aldea, se comió las galletas que le quedaban —galletas de harina de trigo integral con mantequilla de leche de vaca— y entró en el baño a darse una ducha.

Le fastidiaba reconocerlo, pero aquello era lo más lujoso que había visto en su vida. Un baño que solo compartía con aquella otra chica; agua caliente a voluntad, un gran espejo, toallas que parecían recién compradas, un albornoz para ella sola, jabón fino, perfumado…

Si no llevaba cuidado, acabaría convirtiéndose en una consumidora.

Después de la cena, Sole volvió a su cuarto como si flotara en un agua tibia y perfumada. No podía creerse lo que le estaba pasando. Como todas las chicas de su edad y de su clase, había soñado con presentarse a las pruebas y ser elegida, pero nunca había llegado a creérselo del todo. No era bastante guapa, ni bastante original, a pesar de que todas sus amigas le habían dicho siempre que tenía algo que la hacía especial.

Por eso, cuando paso las pruebas físicas —genoma inalterado, salud perfecta— empezó a ponerse realmente nerviosa. Las otras pruebas eran secretas; nadie sabía qué era lo que deseaban y por eso las llamaban popularmente «la lotería» porque, además, las elegidas eran muy pocas y, ahora que las había visto, no daba la sensación de que se parecieran

---

5 **carroñero** Aas fressend – 11 la **harina integral** Vollkornmehl – 11 el **trigo** Weizen – 13 **fastidiar** ärgern, stören – 15 **a voluntad** nach Belieben – 16 un **albornoz** *Esp* Bademantel

entre ellas en nada. Salvo en el aspecto físico, ya que casi todas ellas, al ser consumidoras de tercer nivel, cartabronces, se habían somatizado muchas veces siguiendo los dictados de la moda y había caras y cuerpos que prácticamente se repetían.

5 Aún no podía creerse que estuviera dentro, que su vida hubiese quedado resuelta para siempre. Mientras su hermano y sus amigas y amigos tendrían que pasarse años buscando trabajo, cambiando de trabajo, luchando contra jefes genos que les harían la vida imposible, tratando de mantener un 10 mínimo nivel de consumo con unos sueldos que nunca bastaban, ella jamás tendría que pensar en sus necesidades. En adelante, la Casa se lo proporcionaría todo: sanidad, vestido, entretenimiento, belleza , deporte… Absolutamente todo. Porque de su bienestar dependían las ventas. Era maravilloso.

15 Aunque volaba con bastante frecuencia, Alfonso siempre encontraba excitantes los viajes y los aeropuertos. No era tan viejo como para recordar ciertas cosas personalmente, pero su abuelo, antes de retirarse a la residencia de ancianos, le había contado muchas veces cómo era antes: terminales abarrotadas 20 de personas de todas las clases mezcladas, vestidas de cualquier manera, pasando por controles humillantes, tratadas como ganado por miembros de las capas sociales más bajas que se creían con el mínimo poder que detentaban al llevar un uniforme de control de seguridad y hablaban a los viajeros 25 sin ningún respeto.

Todo eso había cambiado. Desde la abolición de la igualdad y la libertad y la consiguiente introducción de la nueva sociedad estratificada en las tres grandes capas, prácticamente solo viajaban los genos, profesionales en su 30 mayoría que se desplazaban por necesidades de trabajo,

---

2 el/la **cartabronce** *Wortkreation der Autorin* (gezüchtete/r) Angehörige/r der unteren Mittelschicht (Besitzer/in eines Bronzeausweises) – 8 un/a **geno** *cif Wortkreation der Autorin* Angehörige/r der oberen Mittelschicht – 19 **abarrotado** überfüllt – 22 el **ganado** Vieh – 23 **detentar** unrechtmäßig besitzen – 26 la **abolición** Abschaffung – 30 **desplazarse** sich fortbewegen, reisen

aunque no tanto como a principio de siglo, debido a la carestía de los combustibles. Genos como él, cartaoro, consumidores elegantes y bien vestidos que eran tratados con cortesía e incluso con servilismo por los cartaplata y cartabronce. Genos que en los aeropuertos podían sentirse en la cima del mundo, dado que los cartaplatino —los naturales— usaban otras zonas separadas. Genos que no necesitaban más control que el de poner sus manos en la placa y sus ojos en el analizador.

El control de inmigración y de terrorismo ya tenía lugar muy, muy lejos de los aeropuertos: en las fronteras extremas de los distintos países, que se habían convertido en auténticas fortalezas inexpugnables gracias a las nuevas tecnologías.

Al principio, a los ilegales detenidos se les implantaba una pequeña bomba que explotaba en el caso de que el sospechoso intentara atravesar una frontera, pero resultaba demasiado sucio y violento, y por eso había sido sustituido por otros sistemas.

Lo último era el «bichito», como lo habían bautizado cariñosamente en la prensa: a cualquier persona que hubiera sido detenida tratando de entrar ilegalmente en un país se le inoculaba un virus que le permitía seguir su vida normal fuera de las fronteras de la Unión, pero que se activaba de inmediato en cuanto entraba en contacto con cualquier alimento o bebida del interior. En cuestión de minutos, el delincuente sufría un paro cardíaco. Una muerte limpia, rápida, y poco dolorosa. No existía antídoto.

Alfonso Marcos puso las palmas de las manos sobre la placa, el rayo escaneó sus ojos, y el pitido del móvil que llevaba en la muñeca le indicó que podía pasar. Echó un vistazo a los datos y sonrió: como esperaba, le habían dado el asiento de siempre.

1 la **carestía** Mangel – 2 un/a **cartaoro** *cif Wortkreation der Autorin* (gezüchtete/r) Angehörige/r der oberen Mittelschicht (Besitzer/in eines goldenen Ausweises) – 4 el **servilismo** Kriecherei, Unterwürfigkeit – 4 un/a **cartaplata** *cif Wortkreation der Autorin* (gezüchtete/r) Angehörige/r der mittleren Mittelschicht (Besitzer/in eines silbernen Ausweises) – 12 **inexpugnable** uneinnehmbar – 14 **sospechoso/a** Verdächtige/r – 21 **inocular** *einen Krankheitserreger* einspritzen, inokulieren – 24 un/a **delincuente** Straftäter, Verbrecher – 26 un **antídoto** Gegengift – 27 una **palma** *de la mano* Handfläche – 28 un **rayo** Strahl – 28 un **pitido** Pfiff, Piepton

El sistema le comunicaba también que, después de acceder a sus datos médicos, le servirían una comida vegetariana, baja en grasas y sin lactosa. También sin alcohol, por desgracia.

Comprobó que su valioso paquete siguiera en perfectas condiciones, lo acomodó a su lado, se instaló en el sillón, se colocó la diadema y se dejó llevar por las peripecias de los personajes de su serie favorita: una recreación histórica de la vida en el último tercio del siglo XX que, vista desde la actualidad, resultaba deliciosamente absurda.

—¿Estás leyendo?
—¿No tienes ojos en la cara?
—¿Qué lees?
—No te importa. No lo entenderías.
—¿Qué has elegido, artificial o natural?
—Artificial.
—Eres un monstruo.
—No —casi gritó, levantándose de golpe de la cama—. El monstruo es este tipo. —Con el brazo levantado le enseñaba la foto que había aparecido en la pantalla del cuarto: un muchacho moreno, de cejas pobladas, ojos muy oscuros, pequeños y muy juntos—. No pienso permitir que me ponga la mano encima. Parece un mono.
—Yo lo encuentro atractivo, tan natural. Mira el que me ha tocado a mí. Si pudiéramos cambiarlos…
—No podemos.
—Ya.
—Lo que quieren es potenciar las características que buscan, ¿no te das cuenta? Por eso a mí, que ya soy muy morena, me han buscado a ese orangután. ¿Cómo eras tú antes de hacerte… todo eso?
—No me acuerdo bien. La primera somatización fue a los diez años. Creo que era más bien rubia y blanquita, un poco

---

6 una **peripecia** Zwischenfall, Abenteuer – 20 cejas **pobladas** buschige Augenbrauen – 22 un **mono** Affe – 31 una **somatización** genmodifizierende „Schönheits-OP"

sosa, con nariz de patata y unos ojos que no pegaban nada con lo demás. Pero mis padres mandaron mis datos y la foto a la Casa, porque nunca se sabe… ¡Y ya ves!

Laia no dijo nada. Sonó una melodía de campanillas electrónicas.

—Nos llaman. ¡Qué nervios! —Sole se alisó el vestido sobre las caderas—. ¿Estoy bien? —preguntó sin dejar de mirar su imagen en el espejo—. ¡Suerte, Laia!

Laia se mordió los labios para no llorar y no contestó.

—¿Cómo que no se quedan a la niña?

Alfonso estaba perplejo mirando al geno que lo había recibido, una especie de secretario o de mayordomo probablemente, sin acabar de comprender lo que le estaba diciendo.

—Los señores, como acabo de explicarle, han cambiado de opinión debido a ciertas complicaciones de índole privada… familiar… en las que no puedo entrar. Por supuesto se le pagará el precio acordado y los desplazamientos, pero no nos haremos cargo del bebé.

—Pero… pero… esta niña ha sido encargada y producida expresamente para el señor Tin y el señor Chang. No satisfará a nadie más. Es casi imposible encontrar a otra pareja o a otro cartaplatino que desee una niña de las características exactas que los señores han solicitado.

—Esos son los riesgos de su profesión. Siempre puede reciclarla… —sugirió bajando la voz.

—¿Cómo vamos a reciclar a esta preciosidad? ¡Este bebé es una joya valiosísima! ¡Esta niña es lo mejor que se puede ofrecer a una pareja de naturales!

—Pero no es nada hasta que esa pareja la acepta como hija, usted lo sabe bien —dijo con excesiva suavidad el secretario—. Solo entonces pertenece a la clase platino y está por encima

---

1 **soso** fade – 4 una **campanilla** Glöckchen – 6 **alisar** glätten – 7 la **cadera** Hüfte – 12 un **mayordomo** Butler – 28 una **joya** Juwel – 31 la **suavidad** → **suave** sanft, freundlich

de usted y de mí. Hasta entonces, incluso siendo una natural de nacimiento, no es más que carne. Y, hablando de carne, ¿Se quedará a comer? Los señores han ordenado que lo dispongan todo en la cocina.

Le habría gustado decir que no, tener la dignidad de decir que se marchaba de inmediato, pero llevaba todo el viaje soñando con aquella comida: lo mejor de lo mejor, todo natural, sin control de ningún tipo por parte de su médico digital. Era la parte que más le gustaba de los viajes: cuando, una vez entregado el producto, los señores, satisfechos, le permitían comer en la cocina la misma comida que iban a comer ellos en el salón. Así había tenido la oportunidad de probar el pollo auténtico, la ensalada, las gambas... incluso en una ocasión los boletus. Se le llenó la boca de saliva.

—Acepto humildemente la generosidad del señor Tin y el señor Chang. Mi agradecimiento.

En el viaje de regreso, echando miradas al paquete que llevaba al lado y dándole vueltas a qué hacer para solucionar aquella situación, recordaba cómo despotricaba el abuelo contra la nueva sociedad que había surgido, paradójicamente, de la Revolución de la Furia, cómo habían dado en llamarla los historiadores, aunque en la época se la llamaba simplemente la Revolución del 14.

Siempre le había parecido curioso. En cientos de conversaciones que habían mantenido antes de que se retirara al spa de montaña para consumidores ancianos, el abuelo se indignaba ante la existencia oficial de unos estratos sociales que siempre habían existido. No era nada nuevo que la sociedad estuviera claramente dividida entre arriba y abajo, ricos y pobres, poderosos y desposeídos.

—¡No solo son millonarios, los cabrones, y hacen lo que les da la gana con el país —decía el abuelo, rabioso—, sino

---

14 un **boletus** Steinpilz – 14 la **saliva** Speichel – 19 **despotricar** contra meckern gegen – 26 **indignarse** sich entrüsten, sich empören – 31 un **cabrón (-ona)** *vulg* Arschloch, Scheißkerl/-weib

que ahora pueden hacerlo a cara descubierta, sin ocultar sus manejos turbios porque de un día a otro resulta que son superiores a todos nosotros, que están en su derecho y que lo que hacen está dentro de la ley! Nos han robado a todos, han tergiversado nuestra revolución, han suprimido la democracia, nos están envenenando la comida para que no protestemos y los medios de comunicación para embrutecernos, y además la mayor parte de la gente los admira y quisiera ser como ellos. ¡Y ahora todo eso es legal!

Alfonso solía reírse mucho con los ataques de rabia del abuelo.

—Pues claro que es legal, hombre. Es que ellos son cartaplatino, naturales.

—¡Toma! ¡Y tú, y yo! ¿O es que tú has nacido de una máquina?

—No, de una máquina no, pero mis padres, tu hijo y tu nuera por si no sabes de quiénes te hablo, decidieron tener el mejor hijo posible y fueron a un especialista a genomizarme, ¿no te acuerdas ya? Cuando era pequeño estabas muy orgulloso de que soy más alto, más listo y más guapo que el resto de la familia.

—Para lo que te sirve… Nunca llegarás a nada porque no eres cartaplatino, porque no has nacido en una de las Mil Familias.

—Soy cartaoro. Y director de una de las mejores Casas que existen en el mundo.

—Granjero. Como tu tatarabuelo. Solo que tú, en vez de criar cochinos, crías personas para venderlas por ahí. ¡Vergüenza debería darte!

Alfonso comprendía que su abuelo era ya demasiado viejo para aceptar ciertas cosas, pero siempre le parecía difícil de entender que no se diera cuenta de que en el mundo moderno, en el que cada país estaba especializado en un número muy limitado de industrias y actividades, ser productor de niños

---

2 un **manejo** Intrigen, Machenschaften – 2 **turbio** zweifelhaft, dubios – 5 **tergiversar** verfälschen, verdrehen – 6 **envenenar** vergiften – 7 **embrutecer** verdummen lassen – 10 un **ataque de rabia** Wutanfall – 26 **granjero** Landwirt – 27 un **cochino** Schwein

naturales era uno de los mejores trabajos a los que se podía aspirar. ¿Por qué tenía que avergonzarse de ello?

Las parejas platino y algunos individuos, tanto homosexuales como heterosexuales, adquirían a sus hijos con todas las garantías de salud y con el aspecto físico aproximado que deseaban, pero sin intervenciones artificiales. Los hijos de los naturales seguían siendo naturales, ni genomizados ni somatizados.

—Ahora no solo tenemos políticos ladrones y aprovechados, como toda la vida, sino que además resulta que ser más tonto, más feo y más incapaz se ha convertido en una muestra de clase y elegancia. Y los descerebrados de los de abajo, en lugar de luchar para reconquistar todo lo que han perdido, admiran a las Mil Familias, que deben de ser bastantes más, y los dejan hacer lo que les da la gana con el patrimonio común.

El abuelo aún usaba palabras que Alfonso sólo entendía porque prácticamente se había criado con él mientras sus padres trabajaban.

Alguna vez, durante su adolescencia, estuvo tentado de creer lo que decía el abuelo, pero pronto a lo largo de las clases de historia —él, como geno, había tenido el derecho de presentarse al examen de aptitud para acceder a ocho años de escolaridad con opción a una posterior educación universitaria — se había dado cuenta de que la principal motivación del viejo para hablar como lo hacía era la nostalgia de su juventud. Y, naturalmente, también las ideas erróneas que le habían inculcado en su infancia.

Antes de 1789, de la Revolución francesa, el mundo había estado ordenado básicamente en dos castas, con una casta intermedia surgiendo con dificultades entre ambas. Los de arriba, que tenían el poder y el dinero; los de abajo, que no tenían nada más que la fuerza de sus brazos; y la burguesía

---

2 **aspirar** anstreben – 9 un **ladrón** (-ona) Dieb/in – 9 **aprovechado** berechnend –
11 **incapaz** unfähig – 12 **descerebrado** hirnlos – 15 un **patrimonio** Erbe – 19 estar
tentado de + INF versucht sein zu + INF – 26 **erróneo** → un **error** irrtümlich, falsch –
27 **inculcar** eintrichtern, einbläuen

o clase media, que empezaba a hacerse cargo de los trabajos para los que eran necesarios esfuerzo e inteligencia, pero que por muchos títulos que comprara, nunca llegaría a equipararse a los verdaderos aristócratas porque ellos eran auténticos naturales y lo llevaban en la sangre.

Después de esa revolución habían triunfado unas ideas que ahora parecían estúpidas pero que habían conseguido imponerse hasta el punto de que durante más de dos siglos la mayor parte de la población occidental estuvo convencida de que los seres humanos nacen iguales y libres, tienen derecho a buscar su felicidad y deben elegir a sus gobernantes democráticamente.

En torno a esas ideas se construyó todo un edificio de errores que llevó a guerras y desastres sin cuento.

Vista desde la actualidad, la simple idea de que los humanos fueran iguales era tan ridícula que no valía la pena ni siquiera intentar rebatirla. Tenía que ser evidente para cualquiera que hay personas que ya desde su nacimiento pertenecen a una casta superior, igual que las hay más inteligentes, más rápidas, más ingeniosas, más fuertes, más creativas… Es lo natural: unas son más, otras menos. ¿Y por qué, entonces, habría que tratarlos a todos igual? (¿Por qué ofrecer la misma formación, pagada por la colectividad, a quien tiene un cerebro capaz de aprovecharla que a quien no lo tiene? ¿Por qué debería ser la ley igual para quien trabaja y aporta algo a la comunidad que para quien no lo hace, para quien es natural, pertenece a las Mil Familias y está arriba, y para quien ha sido modificado de una u otra forma y está abajo? ¿Por qué habría que proporcionar atención médica de la misma calidad a quien se ocupa de hacer funcionar la sociedad que a quien no es más que un pequeño tornillo en la gran máquina?

Antes, cuando la gente creía que todos eran iguales, los que no conseguían llegar a puestos importantes o a ser consumidores de primer nivel vivían frustrados y amargados,

3 **equipararse** con up sich mit jdm auf eine Stufe stellen – 14 **sin cuento** zahllos –
17 **rebatir** widerlegen – 31 un **tornillo** Schraube, *aquí:* ein Rädchen (im Getriebe) –
33 **conseguir** erreichen – 34 **amargado** verbittert

protestaban constantemente, creaban caos en la sociedad. Simplemente porque pensaban que tenían el mismo derecho y les parecía injusto no poder gastar y consumir tanto como sus superiores.

Nadie es tan absurdo como para enfurecerse porque no es capaz de volar como una gaviota. Si uno no ha nacido gaviota, no puede volar. Punto. Era así de sencillo. Resultaba curioso que hubieran hecho falta más de doscientos años para aceptar lo evidente.

Y sin embargo… a pesar de todo… había momentos en que a Alfonso Marcos le fastidiaba profundamente el tener que plegarse frente a aquella gente, por muy superior que fuera.

A veces, por un instante, al verlos en imágenes de reuniones políticas o eventos sociales, si apartaba de su mente toda la publicidad que lo llevaba a admirarlos por su estatus, se daba cuenta de que eran feos, gordos, simples, ineptos… por muy bien vestidos que fueran. Y encontraba injusto que precisamente ellos estuvieran en la cima de la pirámide.

En lo más profundo de su ser, aunque jamás lo diría en voz alta, él se encontraba más inteligente, mejor preparado y muchísimo más guapo que todos aquellos naturales que regían el mundo y que no serían capaces de limpiarse el culo si no hubiera algún geno cerca para indicarles dónde estaba.

Aunque solo lo había pensado, lanzó una mirada a su alrededor, como pillado en falta, pero todos los genos que lo rodeaban en el avión estaban inmersos en sus superficies de trabajo.

Comprobó que el paquete siguiera dormido y conectó el ayudante de pensamiento en un intento de solucionar aquella estúpida situación.

—¡Ay!
—¿Qué te pasa?

5 enfurecerse wütend werden – **6 una gaviota** Möwe – **12 plegarse** sich fügen – **16 inepto** unfähig, untauglich – **25 pillar** ertappen, erwischen – **29 un ayudante de pensamiento** Wortkreation der Autorin „Denkhelfer"

Laia suspiró con exasperación. En aquella puñetera Casa no se podía leer con tranquilidad. Y leer, que siempre le había gustado, se había convertido ahora en el único medio contra la desesperación, la única posibilidad de olvido.

5 —He notado algo en la barriga.

—Pues vete al baño y vomita.

—No es eso. No es en el estómago. Es… como unos gases raros en la barriga, ya te digo.

—Eso es que se ha movido.

10 Sole se quedó mirándola, como transfigurada.

—¿Tú crees?

—Estamos de cinco meses, es normal.

—¡Qué ilusión, Laia! ¡Se ha movido! —Hubo un largo silencio—. ¡Jo, di algo! ¿Por qué no quieres hablar conmigo?

15 —Porque siempre hablas de lo mismo.

—Pero es que es lo más importante de nuestras vidas.

—De la mía, no.

Sole la miró casi espantada.

—¿Qué puede ser más importante? —preguntó reprimiendo
20 el llanto.

Desde que estaba embarazada lloraba cada vez con más frecuencia por cosas que antes le hubieran parecido estúpidas.

—Leer, por ejemplo, formarse, no perder el cerebro encerrada aquí, convertida en una máquina de parir, no
25 olvidar que eres humana. —Laia empezaba a estar furiosa, como tantas veces—. ¿Por qué narices te parece importante ese niño que llevas dentro? En cuanto nazca te lo quitarán, lo venderán y no volverás a verlo jamás.

—Tú sabes muy bien que más adelante, cuando sea mayor y
30 salga en televisión o en algún magacín, el director nos dirá que es de esta Casa, para que podamos estar orgullosas de nuestro trabajo. —Se sonó la nariz enrojecida.

---

1 la **exasperación** Wut, Zorn – 1 **puñetero** *Esp* verdammt – 5 la **barriga** Bauch –
14 **¡jo!** *Esp coloq* Mensch! – 18 **espantado** erschrocken – 19 **reprimir** unterdrücken –
21 **embarazada** schwanger – 24 **parir** gebären – 27 **en cuanto nazca** sobald es auf die Welt kommt – 32 **sonarse** (la nariz) sich (die Nase) schnäuzen

—Si tú te conformas con eso…

—Y ¿qué quieres hacer tú? ¿Quedártelo? —Sole sonaba francamente escandalizada.

Laia dejó el lector sobre la cama, pareció luchar brevemente consigo misma y acabó por decir:

—Déjame darte un consejo, Sole. Cuando nazca, no digas que quieres verlo, no pidas que te dejen tomarlo en brazos. Aguanta el parto lo mejor que puedas, alégrate de que se haya acabado y olvídate de todo hasta la siguiente vez. Así duele menos.

—¿Tú…? —Sole se acercó, se sentó en la cama de Laia y, sin atreverse a tocarla porque sabía que sus muestras de afecto no serían bien recibidas, empezó a alisar la sábana con la mano—. Tú… ya has pasado por esto, ¿verdad? Para ti no es la primera vez… ¿No quieres contármelo?

Los labios de Laia temblaban, pero seguían cerrados.

—¡Déjame leer en paz! —dijo cuando pudo hablar.

En cuanto hubo salido Sole de la habitación, Laia dio rienda suelta a los sollozos que había estado guardando dentro.

No hacía todavía dos años de aquello. Aún dolía como una quemadura reciente.

Sacó del armario el medallón que había traído de su casa, lo abrió, separó la delgada lámina de oro que cubría una antigua foto sin importancia y debajo apareció el pequeño retrato de Javier que había hecho su hermano a lápiz para que ella pudiera llevarlo siempre consigo. No se permitían ni móviles, ni tabletas ni ningún tipo de superficie que fuera anterior a la entrada en la Casa, lo que significaba que no se podía tener comunicación con el exterior, ni fotos ni cartas que no hubieran sido censuradas, ni nada de lo que había sido tu vida hasta ese momento. Un retrato a lápiz era lo mejor que nunca podría tener.

---

8 un **parto** Geburt, Entbindung – 12 **atreverse** sich trauen – 13 una **sábana** Betttuch – 16 **temblar** zittern – 18 **dar rienda suelta** a uc etw freien Lauf lassen – 19 un **sollozo** Schluchzen – 21 una **quemadura** Verbrennung – 24 un **retrato** Porträt

Dos años atrás ella estaba embarazada de Javier, y todo el mundo en la aldea les daba la enhorabuena. Luego el pequeño, a los cuatro días de nacer, cogió unas fiebres y murió. Ni siquiera pudo asistir a su entierro porque ella también había
5 estado a punto de morir de fiebre. En la aldea había dos médicos, pero apenas podían conseguir medicinas, el equipo que tenían estaba anticuado y no tenían acceso a ningún hospital porque, como argumentaba el gobierno, el Consejo de los Cien, ellos mismos se habían excluido voluntariamente de
10 la sociedad y con eso habían perdido todos sus derechos como consumidores.

Recordaba como una quemadura el suave peso del bebé en sus brazos, su carita arrugada, sus ojos brillantes y curiosos, los brazos de Javier rodeándola.

15 Ahora, cuando llegara el momento, todo sería diferente. Impersonal. Solitario. Y aunque su hijo viviera… ¿de qué le iba a servir?

Alfonso y Lola habían salido a cenar al centro. Les habían recomendado mucho un restaurante nuevo que habían abierto
20 en la antigua Lonja de la Seda y estaban deseando probarlo porque, aunque era realmente caro, casi un cuarto de sus ingresos mensuales, si la fama no mentía, los productos eran de primera calidad, todo natural. Y después de los problemas de la Casa y el fracaso del último viaje, los dos sentían que se lo
25 habían merecido.

Iban en metro porque una vez más el tráfico privado había sido recortado por la visita de un miembro de las Mil Familias mundiales, un mandatario extranjero con su séquito que, después de unas negociaciones en Madrid, había decidido
30 de pronto acercarse a Valencia para ver lo que quedaba de la Albufera.

---

2 dar la **enhorabuena** beglückwünschen – 4 un **entierro** Beerdigung – 13 **arrugado** runzelig – 22 una **fama** Ruf – 28 un **séquito** Gefolge

Pero el Saler estaba tan cerca que llegaron con más de media hora de adelanto y decidieron dar un paseo por la zona turística de la Catedral. La noche era cálida y estaba muy animada, todas las terrazas llenas de extranjeros, todos los puestecillos de artesanía brillando en la penumbra con sus luces de colores y sus productos invitando a comprar.

—La verdad —comentó Alfonso, sonriente—, es que va a tener razón Laia. Nos hemos convertido en un país de camareros y vendedores.

—Nos hemos especializado en el sector servicios turísticos —corrigió Lola, sin sonreír—. Cada país hace lo que mejor sabe hacer, igual que las personas. España da servicio a los turistas más ricos y produce los mejores bebés naturales. Otros países se dedican a la minería, a la siderurgia, a fabricar coches o al diseño o a la moda… ¿Te parecería mejor que nos dedicáramos a construir barcos, o a negocios de banca o a instituciones sanitarias?

—¡Qué dura eres, Lolita! No era más que un comentario.

—Es que a veces te pareces a tu abuelo, y me fastidia, la verdad. Siempre protestando… siempre pensando en cómo era antes, como si antes la gente hubiera sido más feliz. Antes era mucho, pero mucho peor. ¡Había violencia! Y descontento… Ahora cada uno sabe cuál es su lugar… ¿no te das cuenta?

—*Sí*, mujer, sí. A todo esto, ¿no te parece raro que haga tantos meses desde el último mail del abuelo?

—No, ¿por qué? Cuando uno se va, se va. Y allí lo pasan de maravilla… tienen de todo. Más que nosotros. Están en las montañas, en plena naturaleza, en un spa. Comen bien, hacen deporte entre gente de su edad, tienen atención médica, entretenimiento… ya quisiéramos nosotros. ¿No te has fijado en que, cuando se van, ya prácticamente ni escriben ni llaman ni nada?

---

5 la **artesanía** Kunsthandwerk – 5 una **penumbra** Dämmerlicht – 14 la **siderurgia** Eisenindustrie

—A lo mejor no los dejan.

—¡Venga ya!

—Igual que en la Casa tampoco está permitido que los chicos y chicas se relacionen entre sí, aparte de lo necesario para la procreación natural, ni que vuelvan a tener contacto con sus familias.

—Eso es otra cosa. ¡Mira qué bonitos esos pendientes! Son de madera.

—Y cuestan una pasta.

—Pero yo he tenido la idea genial de qué hacer con el bebé inútil, así que me los he ganado.

—No la llames bebé inútil, mujer. Llámala por su nombre, Moira.

Alfonso sonrió. Efectivamente, al final, como casi siempre, era Lola la que había tenido la idea: en lugar de malvenderla a una pareja de genos con aspiraciones, se quedarían a la niña como propiedad de la Casa y en un futuro próximo, en cuanto cumpliera trece o catorce años, la cruzarían con el mejor varón que tuvieran en ese momento y luego venderían al bebé tres veces más caro porque sería producto de un cruce más de lo normal. Incluso se le había pasado por la cabeza quedarse al próximo niño varón que naciera en la Casa precisamente para poderlo cruzar con Moira. Entonces podrían publicitarlo en los foros mas elegantes diciendo que aquel bebé era producto de dos generaciones, no de una sola, como era lo habitual. ¡Sería un éxito absoluto! Se lo quitarían de las manos…

Moira… ¡Menudo nombrecito se habían buscado las chicas! Pero les había permitido votar sobre el nombre de la pequeña para ponerlas de buen humor y había salido ese. No se podía esperar mucho más de un puñado de somas.

Con sus pendientes nuevos y su vestido de puro algodón natural, Lola estaba preciosa cuando entraron en el Salón de las Columnas donde habían instalado el restaurante.

---

5 la **procreación** Fortpflanzung – 7 un **pendiente** Ohrring – 9 una **pasta** *Esp* ein Haufen Geld – 16 **con aspiraciones** mit Ambitionen/Ansprüchen – 30 un **puñado** → un **puño** Handvoll – 31 el **algodón** Baumwolle

Había habido algo de polémica porque un grupo retrógrado, y todos los «libres» de las distintas ecoaldeas habían protestado de que se usara un edificio antiguo, de gran valor histórico, y patrimonio de la Humanidad, para un fin comercial. Pero al final se había solucionado el problema ya que los turistas podían acceder igual, pero en lugar de pagar una entrada por visitar la Lonja, podían tomarse un agua de Valencia allí, si no estaban dispuestos a gastarse lo que costaba el menú y disfrutar del edificio igual, o mejor. Al fin y al cabo era lo que se estaba haciendo también con la mayor parte de las iglesias y monumentos, tanto en España como en otros países.

Mucho más revuelo se había montado cuando el Nuevo Vaticano había decidido reconvertir la basílica de San Pedro en una inmensa discoteca para VIPs y utilizar los ingresos obtenidos para financiar diversos proyectos contra el hambre en países del tercer mundo. De eso habían pasado diez años y nadie se escandalizaba ya. Aparte de que, al fin y al cabo, era lo que debía hacer una institución especializada en el amor al prójimo. La especialización lleva a la optimación, como les habían enseñado en el colegio.

Alfonso llevaba toda la mañana distraído, sin poder concentrarse en las cosas más básicas. La noticia de la muerte de su abuelo le había afectado más de lo que él mismo hubiera creído, a pesar de que, a su edad, no era ninguna sorpresa. Había llegado a los ochenta y dos años, no estaba nada mal. Sin embargo, le seguía pareciendo que era demasiado pronto porque el abuelo siempre había sido un hombre sano, vital, lleno de energía y de proyectos.

Como su pensión había expirado a los diez años de su jubilación, él y Lola lo habían tenido a su cargo todo el tiempo que la ley les permitía, aunque Lola protestaba de vez en cuando, pero una vez cumplidos los ochenta no había habido

---

1 **retrógrado** rückschrittlich, reaktionär – 12 un **revuelo** Aufruhr – 18 el **amor al prójimo** Nächstenliebe – 21 **distraído** zerstreut

más remedio que permitir que el Ministerio de Bien Social lo trasladara al spa de los Pirineos donde había pasado los casi dos años de que había podido disfrutar hasta su muerte.

En los pocos mensajes suyos que había recibido parecía
5 que estaba a gusto. No solo no se quejaba —y eso era raro en el abuelo, pensó con una sonrisa— sino que parecía tenerle aprecio a lo que le rodeaba en su nueva vida.

Sintiéndose vagamente culpable por estar perdiendo tiempo de trabajo, buscó en su archivo alguno de los mails del abuelo,
10 en un intento inconsciente de volver a oír su voz.

Hola, hijo:
por aquí todo bien. Tenemos una estupenda piscina cubierta que uso con frecuencia y una exterior que esta helada. La comida está rica. La gente es agradable y jugamos mucho a las
15 *cartas.*
Un abrazo y besos a la familia,
El abuelo

Alfonso se quedó mirando la pantalla, apoyado en el codo izquierdo, releyendo una y otra vez aquellas líneas. Él las había buscado para poder sentirse de nuevo cerca de su abuelo y
20 ahora se daba cuenta de que aquello no le decía nada. Cuando lo recibió tuvo que haberlo leído durante el trabajo, deprisa y sin fijarse en la formulación. El abuelo estaba bien, eso era lo único que importaba.

Pero ahora, con calma y mucho después de haberlo recibido,
25 se daba cuenta de que aquellas líneas no podían ser de su abuelo, un hombre que había sido periodista, que escribía con la misma naturalidad con la que respiraba... que nunca había jugado a las cartas. Y lo de «la comida está rica»... El abuelo era de Murcia. Lola, que era madrileña, sí que decía que las
30 cosas estaban ricas, pero no el abuelo. El abuelo habría podido decir que la comida era bastante decente, o que estaba de puta

7 el **aprecio** Wertschätzung – 12 **estupendo** wunderbar, großartig – 17 un **codo** Ellbogen – 31 **decente** anständig – 31 **de puta madre** *vulg* saugut

madre, o que era una mierda, pero nunca que estaba «rica». A menos que —comprobó la fecha— en menos de dos meses se le hubieran pegado las formas de hablar de sus compañeros.

Sí, claro, y que de repente hubiera descubierto su amor por la natación y por los juegos de cartas.

Y no le decía nada de las preciosas enfermeras somas que los cuidaban, con lo que al abuelo le habían gustado siempre las mujeres.

Ni una mínima pulla politica.

Quizá sí era verdad que no les permitían comunicarse con sus familias y el spa enviaba mails automáticos de vez en cuando para que se quedaran tranquilas. ¿Cómo se iban a quedar tranquilas con eso, cómo se lo iban a creer?, pensó, e instantáneamente se corrigió a sí mismo. Él había sido tan idiota como para creérselo y quedarse tranquilo.

Repasó los otros tres mensajes con el mismo resultado. No eran iguales pero eran igual de impersonales. Seguramente los había escrito la misma persona. En el último decía incluso «ahora por fin puedo dedicarme a jugar al golf todas las horas que me permite la salud».

El abuelo siempre había dicho que el golf era el juego en el que más claro se veía que los de arriba eran unos cretinos: pagar una fortuna y hartarse a andar para meter una bola en un agujero una y otra vez, decía. ¡Había que ser imbécil!

Y lo de «besos a la familia». ¿A qué familia? Sus padres habían muerto años atrás, su padre de infarto y su madre de cáncer de útero. Lola y él no tenían hijos.

¿Estaba el abuelo ya senil?

Al fijarse en el membrete se dio cuenta de que aquel spa para «alces», «ancianos consumidores libres de cargas», como era la definición oficial de anciano, debía de estar muy cerca de la ecoaldea de la que venía Laia. Tendría que hablar con ella y así podría matar dos pájaros de un tiro: por un lado, podría quizá conseguir algo de información y, por otro, animaría a la chica

---

2 **a menos que** es sei denn… – 5 la **natación** Schwimmen – 9 una **pulla** Stichelei – 22 **cretino** blöd – 23 **hartarse a andar** sich müde laufen – 24 un **agujero** Loch – 29 un **membrete** Briefkopf – 33 un **pájaro** Vogel – 33 un **tiro** Schuss

de la ecoaldea, que era prácticamente la única que no había conseguido adaptarse a su nueva vida.

Sentados en un banco en el jardín, frente al mar, mirando la boca firmemente cerrada de la muchacha, lo de hablar con ella ya no parecía tan buena idea.
—¿Conoces la residencia para alces Suum Cuique, Laia?
—No tenía sentido dar rodeos; mejor preguntar directamente y acabar lo antes posible. Ella tardó unos segundos en contestar.
—Sí —dijo por fin—. ¿Por qué?
A pesar de su posición social, Alfonso creía firmemente que, para recibir algo, primero era necesario dar; por eso decidió abrirse un poco en lugar de tratarla de arriba abajo como le correspondía.
—Porque mi abuelo estaba allí. Acaba de morir. Ella levantó la cabeza de golpe.
—Lo siento.
Alfonso se pasó la mano por la frente, por el pelo.
—Sí. Yo también. Estábamos muy unidos. Prácticamente me crió él; ahora eso ya no es normal entre los genos. Los únicos que aún tienen algo de vida familiar son los somas. Aunque los casos de violencia y malos tratos entre miembros de una familia son cada vez más frecuentes, pensó para sus adentros.
—Y nosotros, los ciudadanos libres.
Estuvo a punto de reírse y soltarle alguna pulla que le escociera, pero sabía que no le convenía y prefirió callar.
—Por eso lo siento —continuó ella—. Porque entiendo lo que significa perder a un ser querido. ¿Qué quería saber?
—¿Tú has estado allí, en Suum Cuique?
Ella negó con la cabeza.
—No nos dejan entrar, pero yo iba muchas veces al campo de golf y al parque que tienen. Ahí es fácil colarse; es enorme, y

---

4 **firme** fest – 13 **de arriba abajo** von oben herab – 16 **de golpe** plötzlich – 20 **criar** großziehen – 26 **escocer** kränken, verletzen – 32 **colarse** sich hineinschleichen

se pueden coger setas y poner trampas para pájaros. Además, una tía mía estuvo trabajando allí de limpiadora.

—¡Ah! ¡Vaya! Yo pensaba que los ciudadanos libres no os rebajabais a trabajar para los consumidores… —se le escapó sin haberlo decidido. Ella se mordió los labios.

—Tuvimos tres malos inviernos seguidos. Nos estábamos muriendo de hambre gracias a su gobierno. Hay que sobrevivir, director.

—Sí, Laia, perdona, lo comprendo. A veces la supervivencia del grupo exige muchos sacrificios, ¿no es cierto?

—Sabía que eso le dolería, pero quería dejarle claro cuál era su lugar.

Ella asintió mientras dos lágrimas le resbalaban por las mejillas.

Alfonso sacó su móvil y le enseñó una foto.

—Mira, este es mi abuelo. No te sonará haberlo visto por allí, ¿verdad?

Laia echó un vistazo a la foto y sonrió mientras se limpiaba las lágrimas con el dorso de la mano.

—Claro que lo conozco. Es Alberto.

—¿Lo conoces? Quiero decir… ¿lo conocías?

—Eramos amigos. Él se escapaba siempre que podía cuando los dejaban salir al parque, y venía a nuestro escondrijo a darme clase.

—¿Clase de qué?

—De todo. Me hablaba de literatura, de historia, de geografía, de política… Me contaba cómo eran antes las cosas, cuando él era pequeño, antes de la revuelta ciudadana del 14. Me explicaba la Revolución y cómo los que mandan la pervirtieron para instaurar su gobierno, y por qué tenemos esta mierda de mundo que tenemos ahora, y me decía qué podríamos hacer para recuperar el de antes… Pero ahora ya no hay esperanza: yo estoy metida en esta Casa y a él lo acaban de matar.

1 una **trampa** Falle – 5 **morder** beißen – 13 **asentir** (con la cabeza) mit dem Kopf nicken, zustimmen – 13 **resbalar** (herunter)rutschen – 14 una **mejilla** Wange – 16 **sonar** *coloq* vorkommen – 18 **echar un vistazo** einen Blick werfen – 19 el **dorso** de la mano Handrücken – 23 un **escondrijo** Versteck – 30 **instaurar** errichten

—¿Qué dices? —Alfonso estuvo a punto de soltarle una bofetada. Laia se encogió sin darse cuenta.

—Nada. Perdone. Ya no voy a decir nada mas. Al fin y al cabo, ¿yo qué gano contestando a sus preguntas? Hago lo que tengo que hacer y punto. Nada más. —Sus ojos negros se habían vuelto duros, piedras de río bajo un agua transparente. Ni tanto así más… —Con la uña del pulgar delimitaba una porción mínima del índice. Se puso en pie para marcharse. Su vientre estaba hinchado como un bombo y se tambaleaba ligeramente al andar.

—Siéntate, Laia, cálmate. Necesito saber más.

—¿A cambio de qué?

Se cruzaron sus miradas, desafiantes.

—¿Qué quieres? —preguntó Alfonso.

—¿Qué puedo querer? ¿Qué podría pedir, con posibilidades de que me lo concediera? ¿Me dejaría salir de aquí de vez en cuando? ¿Me dejaría videohablar con alguien de mi aldea? ¿Escribirles? —La cabeza del director se movía rítmicamente en una negativa tras otra.

—Sabes que todo eso no es posible. No he hecho yo las leyes, Laia, no me mires así. —Ambos quedaron en silencio—. Pero puedo ofrecerte algo que quizá te guste.

—Lo dudo, director.

A Alfonso acababa de ocurrírsele una idea digna de su asistente de pensamiento. Alguien tendría que ocuparse de Moira; su mujer ya estaba desesperada de atender al bebé y no tenían personal especializado, salvo para los cuidados de las dos o tres primeras semanas antes de entregarlos en destino.

—¿Qué me dirías de cuidar a un bebé? Una niña recién nacida que por circunstancias que no hacen al caso, se va a criar aquí en la Casa hasta que sea mayor. Yo sé que en las ecoaldeas tenéis costumbre de cuidar niños. ¿Te gustaría ocuparte de ella?

3 **al fin y al cabo** letzten Endes – 4 **¿yo qué gano + GER?** Was habe ich davon, wenn…? – 7 una **uña** Fingernagel – 7 un **pulgar** Daumen – 9 el **vientre** Bauch – 9 **hinchado** geschwollen – 9 un **bombo** große Trommel – 9 **tambalearse** taumeln – 13 **desafiante** herausfordernd – 16 **conceder** zugestehen

Los ojos de Laia perdieron de pronto la dureza y empezaron a brillar. No podía creerse la suerte que eso representaría.
—¿Moira?
El director asintió.
—¿Y qué pasa con su madre?
—La muchacha que la ha dado a luz ha sido trasladada a otra Casa.
—Ocuparme de Moira… ¿Quiere decir… como ser su madre?
—Bueno… dicho así… no sé… ya sabes que aquí no aceptamos esas palabras… En fin, sí, más o menos. A cambio quiero que me cuentes todo lo que sepas sobre mi abuelo.
Laia sonrió, una sonrisa misteriosa y lejana, como si estuviera viendo algo que sólo existiera para ella.
—¿Eso es que sí? —insistió Alfonso.
—Trato hecho, director.

—Laia…
Estaban despiertas en la oscuridad, tratando de coger el sueño, lo que resultaba cada vez más difícil porque el vientre ya no les permitía mucha libertad de movimientos y las piernas habían empezado a hinchárseles.
Pero, por una vez, a Laia no le molestaba; había empezado a hacer planes para cuando se librara del niño que llevaba dentro y pudiera empezar a educar a Moira, a quererla, a ganarse su amor, a enseñarle todo lo que debería saber para convertirse en una ciudadana libre, en una revolucionaria que, con el tiempo, lucharía contra el orden establecido y les devolvería a todos la libertad, la igualdad, la solidaridad.
—Laia… —insistió el susurro desde la otra cama—. No te hagas la dormida; sé que me oyes.
—¿Qué te pasa ahora?

6 **dar a luz** entbinden – 16 **trato hecho** abgemacht – 29 un **susurro** Flüstern

—Cuando nos conocimos… ¿te acuerdas? —Laia se limitó a contestar con un gruñido—, me dijiste que te habían secuestrado y que los tuyos vendrían a buscarte y te sacarían de aquí… —Otro gruñido—. Luego te lo he oído decir otras veces, a las otras chicas. ¿Es verdad? ¿Van a venir a buscarte?

—¿A ti qué te importa eso, Sole?

—Es que… como hace ya tantos meses…

—Claro —dijo, ya casi furiosa—, es que aquello está muy lejos, y somos pocos, y hacen falta armas y planificación. Pero vendrán. Yo sé que vendrán. Y me sacarán de aquí.

—¿Puedo ir con vosotros?

—¿Qué? —la pregunta la pilló tan desprevenida que encendió la lámpara de la mesita para ver si se estaba burlando de ella. Sole estaba tumbada de espaldas, con las manos sobre el vientre y la cara llena de lágrimas silenciosas.

—¿Me llevarían, aunque estuviera embarazada? ¿Os gustan los niños en tu aldea?

—Claro que nos gustan los niños. Los niños son riqueza, son el futuro. Por eso procuramos tener, a pesar de lo difícil que es evitar comer productos de la sociedad consumista.

—¿Qué tiene eso que ver con lo que estamos hablando?

—¡Mira que eres tonta, Sole! Lo que comen los de tu clase, y hasta lo que comen la mayor parte de los genos, todo, pero todo todo, salvo lo que comemos nosotros en esta Casa, está lleno de química de todas clases: anticonceptiva, para mantener baja la población, además de las cosas que le ponen para que la gente esté contenta y no se preocupe de nada. Así le deja el campo libre al Consejo y ellos hacen lo que quieren.

—Nosotros seguimos teniendo hijos. Eso que tu dices no puede ser.

—Pues es. ¿Por qué te crees que los somas suelen tener solo un hijo y como mucho dos? ¿Por qué crees que los genos son siempre hijos únicos? Porque les cuesta mucho esfuerzo y mucho tratamiento médico que sus mujeres se queden

---

2 un **gruñido** Murren – 9 un **arma** *f* Waffe – 14 **estar tumbado** liegen – 25 **anticonceptivo** empfängnisverhütend

embarazadas y, ya que lo intentan, como saben que solo va a ser uno, eligen todas las mejoras genéticas posibles, porque se lo pueden pagar con los sueldos que cobran, no como vosotros. —Hubo un silencio mientras Laia esperaba a que Sole digiriera
5 la información—. Por eso nosotros, en la aldea, procuramos mantenernos con lo que cultivamos, y aun así es difícil porque casi todas las especies vegetales estan manipuladas genéticamente y las tenemos que comprar cada temporada. Las que nos venden no dan simiente y no se pueden
10 reproducir. Y los animales, incluso los salvajes, beben de los ríos contaminados, comen otros animales contaminados y nos contaminan a los humanos. Nos están matando, Sole, pero los que estáis dentro no lo notáis, porque hay mucha moda y muchos concursos y series en la tele, y música y videojuegos y
15 películas de acción. Así parece que la vida es muy divertida.

—¿Y es así en todo el mundo? —preguntó Sole con un hilo de voz.

—No sé. Fernando, uno de nuestros médicos, piensa que no, que hay sitios en África o en Asia donde aún se puede llevar
20 una vida natural.

—Una vida natural… Quieres decir… todo el mundo… no solo los naturales, los platinos.

—Sí. Todo el mundo: los somas, los genos… nosotras…, los huesos, aunque ellos seguramente no tienen esas
25 divisiones. Eso es lo que nosotros llamamos igualdad, el no tener divisiones. No somos tontos, no pensamos que eso signifique que todos los seres humanos somos iguales, sino que todos tenemos derecho a las mismas cosas: a comer sanamente, a aprender y formarnos, a decidir cuántos hijos
30 queremos tener, a elegir el trabajo que queremos hacer, a que nos castiguen igual por los mismos delitos… —Laia vio la expresión angustiada de Sole y terminó—: ¡Aj! Déjalo, vamos a dejarnos de arengas; da lo mismo. A todo esto, ¿por qué me has preguntado si podrías venir? ¿Ya no te gusta la Casa? —Había

---

5 **procurar** versuchen – 9 la **simiente** Samen – 10 **salvaje** wild – 24 un **hueso** Knochen, *aquí:* Angehörige/r der niedrigsten Kaste – 33 una **arenga** Tirade

un punto de crueldad en la pregunta, pero Sole no lo notó. Se limitó a sonarse la nariz con fuerza, haciendo un ruido como el barrito de un elefante.

—Me da pena perder a mi hijo después de haber pasado tanto —dijo por fin.

—A eso has venido. No hace ni un año estabas muy orgullosa y hace un par de meses lo encontrabas muy natural.

—Ya.

—Anda, duerme.

—Es que no tengo sueño.

—Pues déjame dormir a mí.

—No te duermas, Laia, anda, háblame, cuéntame algo.

—No se qué contarte, Sole. Mira, cuéntame tú a mí lo que quieras, hasta que te entre sueño. Cuéntame lo que hacías antes, cómo era tu familia… lo que se te ocurra.

Sole se sentó en la cama, se restregó los ojos enérgicamente y, de pronto, sonrió.

—Mi padre es *sous-chef* de cocina en un buen hotel.

—El *chef* es geno, claro —interrumpió Laia con una mueca amarga—. Y el dueño de la cadena de hoteles es platino, ¿verdad? Natural, miembro de una de las Mil Familias —continuó, con rabia. Sole asintió enérgicamente sin perder la sonrisa.

—Claro, mujer, es lo normal. Mi madre es masajista; hace unos masajes tailandeses que te pasas. Tengo un hermano mayor que es guía de turismo y lleva dos años estudiando para intentar que lo dejen entrar en la universidad. Si lo consiguiera, podría tener un trabajo mejor y quiza ascender a cartaplata, pero es muy difícil, ya sabes, porque él no está genomizado; es un soma de lo más normal y los genos no quieren que nadie les haga sombra. Espera, te lo enseño, mira qué guapísimo es.

—¿Te han dejado traerte su foto?

—Sí. Solo se mosquean y te la quitan si es tu novio, porque no quieren líos amorosos en la Casa. Por eso tienen a los

1 la **crueldad** Grausamkeit – 3 un **barrito** *de elefante* Trompeten – 16 **restregar** reiben – 19 una **mueca** Grimasse – 25 **que te pasas** *Esp coloq* nicht zu glauben (=unglaublich gut) – 33 **mosquearse** misstrauisch werden

chicos… a los inseminadores… en otra parte. Pero con las fotos de hermanos o padres no suele haber problema. ¿Tú no tienes ninguna?

—No. ¡A ver, enséñamela!

Laia echó una mirada a la foto que Sole le mostraba. Era efectivamente un chico guapo de la manera convencional que se había puesto de moda un par de años atrás; parecía un modelo de ropa interior de principios de siglo: alto, musculoso, facciones angulosas, labios sensuales. Había miles así.

—Quizá debería ser un poco menos guapo para tener éxito en los estudios. Si quiere que lo admitan en la universidad debería tener más pinta de geno.

—Tiene toda la pinta de geno, creo yo.

—Se nota mucho que todo eso es de quirófano y de gimnasio, no de nacimiento. Pero es verdad que es muy guapo.

—Sole volvió a sonreír—. ¿Cómo se llama?

—Diego. —Se le llenaron los ojos de lágrimas—. Es muy buen hermano… y no volveré a verlo.

—Anda, Sole, duérmete. No lo pienses más. —Laia apagó la luz.

—¿Te vienes a mi cama? Por favor… hace mucho que no me abraza nadie.

Estuvo a punto de mandarla a hacer puñetas pero de repente pensó que a ella también hacía mucho que nadie la abrazaba; y pronto tendría que hacerse cargo de Moira. Le vendría bien tener una amiga, tener a Sole. Se levantó gruñendo por lo bajo.

—¡Qué flojita eres, hija! Quita, déjame un poco de sitio; aquí no cabemos las dos con nuestras barrigas.

Se sentó en la cama, apoyada en el cabezal y le pasó a Sole el brazo por los hombros; ella apoyó la cabeza en el pecho de Laia y suspiró de felicidad.

—Gracias, Laia, eres una amiga.

—Anda, tonta, duérmete ya.

23 mandar a up **a hacer puñetas** *Esp coloq* jdn zum Teufel schicken

—Dime cómo es tu aldea, dime cómo será cuando vengan a buscarnos.

Suspiró y estuvo a punto de negarse, pero hacía tanto que no le hablaba a nadie de su hogar que pensó que unas palabras le harían bien, mientras la luz estuviera apagada y la cabeza de Sole fuera un peso dulce en su hombro.

—Es todo muy sencillo… apenas unas cuantas cabañas de troncos en un claro del bosque… pero tenemos generadores para la luz, y agua que viene de un manantial de montaña. También usamos plástico, pero la mayor parte de las cosas están hechas por nosotros, de materiales naturales. Hacemos nuestro pan y cosemos nuestra ropa. No compramos nada si podemos evitarlo porque no queremos hacerle el juego a los consumidores. Elegimos a nuestros jefes por votación democrática, por un período de tres años. Tenemos armas y las usamos cuando hace falta, pero no somos terroristas. Estamos orgullosos de ser libres, de ser iguales, de ayudarnos los unos a los otros, de no traicionarnos. —Se le hizo un nudo en la garganta y dejó de hablar.

—¿Y cuándo crees tú que vendrán?

Pasó tanto tiempo sin contestar que Sole creyó que se había dormido.

—No lo sé.

—Pero vendrán, ¿verdad? No pueden permitir que te secuestren. Vendrán a por ti.

Laia le acarició el pelo, como si fuera una niña.

—Sí, Sole. Vendrán.

—No me parece buena idea que salgáis mañana de compras, Lola. Está todo lleno de antidisturbios para contener la manifestación de los huesos.

---

3 **negarse** sich weigern – 4 el **hogar** Heim, Zuhause – 7 una **cabaña** Hütte – 8 un **tronco** Baumstamm – 8 un **claro** Lichtung – 12 **coser** nähen – 18 un **nudo en la garganta** ein Kloß im Hals – 26 **acariciar** streicheln – 30 una **manifestación** Demo

—No es una manifestación, Alfonso; es un ataque a la legalidad por parte de unos seres que no tienen derecho a existir. Pero los tienen reducidos en la periferia. Nosotras vamos al Séptimo Cielo, en pleno centro.

—Sigue sin parecerme bien.

—Todos los bebés han nacido sanos y fuertes; las chicas han cumplido y, como consumidoras, tienen derecho a salir de compras de vez en cuando. No se puede tener a una persona siempre encerrada sin darle ocasión de comprar en directo, por mucha compra online y mucho entretenimiento que les proporcionemos.

—Pero llevad mucho cuidado, por favor. No volváis tarde y no permitas que se te despisten. ¿O quieres que os acompañe?

—No, querido. Es un día para mujeres. Verás qué bien les sienta, antes de volver a quedarse embarazadas.

Apenas se hubieron marchado las muchachas, vestidas con la mejor ropa que tenían, Alfonso se dirigió a la habitación de Laia, que había preferido quedarse en la Casa.

Empujó la puerta suavemente, sin llamar, y se quedó un momento contemplando la escena que tenía algo de estampa antigua. La chica estaba sentada en la cama, con la pequeña en su regazo. Con la mano derecha sujetaba a la altura de los ojos del bebé un medallón dorado que refulgía al sol; Moira reía y estiraba las manitas tratando de alcanzarlo. Laia también sonreía y su sonrisa, por lo poco frecuente, era algo que calentaba el corazón. Era realmente guapa, con la enorme melena oscura y los ojos profundos.

—¿Ha venido a cobrarse su parte del trato, director? —preguntó la chica sin apartar la mirada del bebé. Con un ágil movimiento de muñeca hizo desaparecer el medallón de la vista del hombre.

---

13 **despistarse** sich verirren – 20 una **estampa** Bild – 22 un **regazo** Schoß – 22 **sujetar** festhalten – 23 **refulgir** leuchten – 27 una **melena** Mähne

—He pensado que ahora era buen momento; con la Casa tranquila.

—De acuerdo. —Se levantó, puso a Moira en su capazo y la dejó jugueteando con unos animales de colores que colgaban sobre ella—. ¿Qué quiere saber?

—No se me va de la cabeza lo que dijiste de que habían matado a mi abuelo. No es posible que hablaras en serio.

—Siento tener que defraudar su confianza en la benevolencia del Consejo, director; pero sí, hablaba totalmente en serio. Siéntese y escuche: usted sabe que las leyes estipulan que las pensiones de ancianidad caduquen a los diez años, de manera que si una persona se jubila a los sesenta y ocho, por ejemplo, si a los setenta y ocho aún sigue viva, deja de cobrar. Entonces el Estado le ofrece retirarse a un hogar, una residencia o un spa, según esté de salud y si se puede valer por sí mismo o no. Algunas familias tienen a sus ancianos en casa cuando dejan de cobrar, pero cuando cumplen los ochenta es obligatorio retirarse a una institución estatal. Una vez allí... ¿conoce usted a alguien que haya pasado de los ochenta y dos años?

Alfonso sacudió la cabeza lentamente sin tener muy claro adónde quería ir a parar Laia y tratando de hacer memoria repasando los padres y abuelos de conocidos y amigos. No se le ocurría ninguno.

—El Estado tiene muy claro que los viejos son improductivos y cuestan mucho dinero, de manera que primero los aleja de sus familias y, una vez que se han acostumbrado a la ausencia del padre o la madre o la tía, es más fácil recibir la noticia de su muerte. ¿Sabe que la mayoría de los parientes ni siquiera se desplazan ya para el funeral? ¿Usted ha ido? —Alfonso siguió en silencio y Laia continuó como si no hubiera esperado otra cosa—: Los primeros seis u ocho meses los viejos no tienen nada que temer, pero en algun momento del segundo año de

---

3 un **capazo** *para bebés* Tragekorb, -tasche – 8 **defraudar** enttäuschen – 8 la **benevolencia** Wohlwollen – 10 **estipular** vereinbaren, festlegen – 11 **caducar** verfallen, ungültig werden – 21 **adónde quería ir a parar** worauf sie hinauswollte – 32 **temer** (be)fürchten

estancia, misteriosamente, se enferman o sufren un accidente, o caen en coma... usted ya me entiende..., y todo resulta muy comprensible, muy normal; como ya son muy mayores, no le sorprende a nadie.

—¿Me estás diciendo que los matan?

Laia afirmó muy seria con la cabeza.

—Yo creo que todo el mundo lo sabe...o que se lo imagina, pero nadie quiere saberlo, y al fin y al cabo parece que les da igual. Los pobres... ya nunca se van a poner bien, no dan más que gastos, no sirven de nada y además ellos ya no disfrutan de la vida... Esas suelen ser las excusas que la gente se da para sentirse mejor. ¿No es eso lo que usted mismo ha pensado ahora que su abuelo ha muerto... que es mejor así, morir cuando aún estaba medianamente bien en lugar de ir deteriorándose lentamente?

Alfonso dejó caer la cabeza sobre el pecho. Era posible que aquella niña tuviera razón, y sin embargo... era difícil de creer, de aceptar... ¿Y si se lo estaba inventando todo para hacerle daño, en venganza por tener que estar allí, en la Casa, en lugar de andar libre por los bosques?

—Como sé que, a pesar de todo, no me cree, tengo algo para convencerlo. —Fue al armario y sacó un sobre—. Una carta de Alberto. Me pidió que intentara hacérsela llegar, pero usted sabe que los ciudadanos libres, igual que los indigentes... los «huesos», como los llaman ustedes..., no tenemos acceso al servicio de Correos. Pensaba intentarlo desde aquí y luego resultó que usted mismo era el destinatario. Pura suerte. Ah, a lo mejor le sirve de algo saber que la carta es tan corta porque en el spa no los dejan escribir y solo pudo hacerlo una de las veces que nos encontramos en el bosque. Lógicamente, no sé lo que le dice, pero supongo que le contará más o menos lo que ya sabe por mí.

---

15 **deteriorarse** *aquí: gesundheitlich* sich verschlechtern – 19 una **venganza** Rache – 24 un/a **indigente** mittellos – 27 un **destinatario** Empfänger

Alfonso se puso en pie y, con un vago gesto de agradecimiento, salió del cuarto para encerrarse en su despacho a leer.

—¡Eran monstruos, Laia! ¡Ha sido horrible! ¡Eran monstruos
5 espantosos, te lo juro! —En la cama, Sole se agarraba como una lapa a Laia, que intentaba tranquilizarla—. Y en cuanto cierro los ojos, los veo delante de mí y me da terror.
—Vamos, vamos, calma. Sabes muy bien que no eran monstruos, que eran personas como tú y como yo. Solo eran
10 indigentes.
—¡Nooo! —casi gritó Sole—. No eran como nosotras; eran horribles... —Su voz se quebró entre hipidos. Le habría gustado contarle a Laia lo que había visto, pero no conseguía ponerlo en palabras. No era capaz de hablar del terror que había
15 sentido cuando de un momento a otro en aquel maravilloso centro comercial adonde las había llevado Lola, todo limpio y brillante, y decorado para la Fiesta de la Primavera, había aparecido como una marea aquella masa de... de monstruos vestidos de harapos, con miradas hambrientas, o vacías o
20 estúpidas o crueles..., seres lentos, sin propósito, que se limitaban a mirarlas como si ellas fueran animales exóticos en un zoológico. Y avanzaban, avanzaban, mirándolo todo como si no lo comprendieran, acercándose más y más, tocando con sus manos grises las paredes, las barandillas, los dispensadores
25 de bebidas..., trayendo con ellos un olor de basura, de cuerpos sin lavar, de sudor antiguo, de cosas muertas y podridas.
Ellas estaban amontonadas en un pasillo al lado de una tienda, con la espalda pegada a la pared mientras los huesos pasaban por delante como un río de cieno, y de pronto, uno
30 de ellos habia alargado la mano hacia ella, queriendo tocarla;

---

3 un **despacho** Arbeitszimmer – 6 una **lapa** Napfschnecke – 12 un **hipido** Schluchzer –
18 una **marea** Flut – 19 un **harapo** Lumpen – 22 **avanzar** vorwärtsgehen, auf jdn
zugehen – 24 una **barandilla** Geländer – 25 un **olor** Geruch, Gestank – 25 la **basura**
Müll – 26 el **sudor** Schweiß – 27 **amontonarse** sich drängen – 29 el **cieno** Schlick

había agarrado su falda nueva de seda naranja y la había mirado con desesperación a través de unas gafas gruesas y sucias pegadas con celo, mientras balbuceaba algo que ella no había podido comprender. Luego le había sonreído y ella…
5 había estado a punto de vomitar… Solo tenía dos dientes en unas encías negras que parecían un sumidero, un agujero oscuro en una cara del color del queso podrido. No podía decirle todo eso a Laia, no sabía cómo, pero aquellas visiones no la dejaban dormir.
10 La policía había acudido enseguida y los había dispersado a culatazos, a golpes de porra, patadas y calambrazos… y cuando ellas estaban ya a salvo en la galería superior, habían lanzado unos botes metálicos que soltaban un humo espeso y asfixiante. De lejos se oían los gemidos de la masa de
15 monstruos que intentaba ganar las salidas para llegar al aire libre, y los estertores de los moribundos.

—Vamos, tonta —la estaba animando Laia—, te has llevado un susto porque nunca los habías visto de cerca, pero no es para tanto. Mi gente, en la ecoaldea, no es mucho más guapa
20 en cuanto pasa de los treinta años… —Se echó a reír de algo que solo comprendía ella—. ¿Verdad que tenían pocos dientes? ¿Es eso lo que te ha asustado tanto? Es lo que pasa cuando te caes por las rendijas del sistema, o cuando te sales voluntariamente. Ya no hay dentistas que te arreglen la boca.
25 Y cuando pierdes vista, no te queda más salida que unas gafas, si puedes conseguirlas; y los pobres están flacos porque no hay mucho de comer, por eso los llaman «huesos», y pálidos porque su alimentación no es sana; y si son feos es porque no tienen trabajo, por tanto no pueden comprar nada, no son
30 consumidores, y no pueden pagarse arreglos físicos, ni moda,

---

3 **pegar** kleben – 3 el **celo** *Esp* Tesafilm® – 3 **balbucear/balbucir** stammeln, stottern – 6 una **encía** Zahnfleisch – 6 un **sumidero** Gully – 7 **podrido** verfault, verdorben – 10 **acudir** herbeieilen – 10 **dispersar** zerstreuen – 11 un **culatazo** Schlag mit dem Gewehrkolben – 11 una **porra** Knüppel – 11 una **patada** Fußtritt – 11 un **calambrazo** Stromschlag – 13 un **bote** Dose – 13 **espeso** dicht – 14 **asfixiante** erstickend – 14 un **gemido** Stöhnen, Seufzer, Wimmern – 16 un **estertor** Röcheln – 23 una **rendija** Spalte, Ritze – 27 **pálido** blass, bleich

ni nada de lo que para ti es normal. Y son lentos y estúpidos por lo que les ponen en la comida, para que no puedan rebelarse.

Poco a poco, Sole iba tranquilizándose al escuchar a Laia.

—Pero… ¿por qué están así?

—Porque el sistema los ha ido marginando. Hace tiempo perdieron sus trabajos, luego sus casas, luego, poco a poco, su educación; los pocos hijos que tienen ya no han podido formarse; solo algunos consiguen entrar a base de mucho esfuerzo en los cartabronce y trabajar en la limpieza o en los puestos más duros. Los demás no existen; el Consejo no los reconoce como ciudadanos («consumidores», como se llaman ahora) porque no tienen poder adquisitivo. Malviven peor que animales en la periferia de las ciudades y hoy, como lo dicen siempre en los informativos, «han decidido hacer una visita al centro», pero no hacen nada. Solo asustan porque son muchos y porque parecen muertos, aunque sigan vivos. ¿Han sido violentos?

Sole negó con la cabeza.

—Ya te he dicho que los alimentos llevan sedantes y anticonceptivos. No podrían rebelarse aunque quisieran; y además ya se han olvidado de cómo podría ser la sociedad si fuera de otra forma. Han perdido la dignidad, el orgullo de ser humanos. Se lo han quitado, ¿entiendes? Les han quitado su humanidad. —Laia siguió acariciándole la cabeza—. No tienes que tenerles miedo, Sole, sino pena, compasión, porque fueron personas y los han convertido en basura, porque no supieron reaccionar a tiempo cuando veían cómo la sociedad del bienestar que habían creado se iba destruyendo; cómo los politicos corruptos y los banqueros acaparadores iban quedándose con todo y ellos, que eran los que, con su trabajo y sus impuestos, generaban la riqueza, lo iban perdiendo. Solo nosotros, los ciudadanos libres de las ecoaldeas, conservamos los recuerdos y el conocimiento, y los deseos de luchar para que todo cambie. Y ahora —añadió bajando la voz y acercándose

---

19 un **sedante** Beruhigungsmittel – 29 **acaparador** Aufkäufer, Hamsterer – 34 **añadir** hinzufügen

al oído de su amiga— enseñaré a Moira para que se convierta en lo que debe ser: la líder del movimiento revolucionario; la que nos salvará a todos, Sole. La educaremos en secreto, con firmeza, para que defienda los principios de la igualdad, la libertad, la solidaridad, la democracia… Para que empiece la lucha que nos libere a todos. Ella será nuestra luz en este tiempo de tinieblas. ¡Sole! ¡Maldita sea! ¿Te has dormido?

Por cuarta vez, Alfonso miraba sin ver el papel que le había entregado Laia, odiándose por su incultura. Aquella carta estaba escrita a mano y, por tanto, igual podía haber estado escrita en chino; él era incapaz de leerla, a pesar que, de pequeño, su abuelo le había enseñado a leer manuscritos. Pero hacía demasiados años de eso y nunca le había parecido un conocimiento importante.

Ahora tendría que ir de nuevo a buscar a la muchacha y rebajarse a pedirle que se la leyera, con lo cual ella también se enteraría de las intimidades que su abuelo hubiera querido contarle. O bien, podría inventarse el texto que le diera la gana; él no iba a poder comprobar que decía la verdad.

También podía ir a la Universidad a que alguien especializado en cultura prerrevolucionaria se la transcribiera; pero eso tenía el inconveniente de que, si la carta había sido escrita contraviniendo las normas de la institución y además hablaba de cosas como las que ya le había contado Laia, el que se la transcribiera se enteraría de que él, cartaoro director de una Casa, tenía relaciones con un disidente. Y eso no le convenía en absoluto.

Se lo pediría a Laia al día siguiente, antes del desayuno.

---

4 la **firmeza** Festigkeit, Beharrlichkeit – 7 la **tiniebla** Finsternis – 16 **rebajarse** sich demütigen – 23 **contravenir** verstoßen – 26 un/a **disidente** Abtrünnige/r, Dissident/in

—Laia, ¿tienes un momento?

La muchacha se apartó del grupo y acompañó al director a su despacho, seguida por las miradas curiosas de las que pasaban en dirección contraria, hacia el comedor.

—Yo... verás... no tengo ya mucha práctica en leer manuscritos y... tú sabes, ¿verdad?

—Sí, director; nosotros aún aprendemos esas cosas. Escuche:

Querido Alfonso:

Si no has venido hasta ahora, está claro que ya no vas a venir, así que esta será la última vez que recibas noticias mías.

Aquí nos dan unos cuantos textos prefabricados para que podamos elegir cuál queremos mandar a nuestras familias; de ese modo se aseguran de que no escribamos nada que pueda causarles problemas y se ahorran la censura. Yo he elegido siempre los textos que más evidentemente no podían ser míos, pensando que el nieto que yo crié, tan genomizado, tan listo, se daría cuenta enseguida de que algo andaba mal. Me equivoqué. O te has vuelto tonto al mejorar de clase o es que ya no te importo lo suficiente. Pero tú a mí sí, ¡qué le vamos a hacer! En mi época se decía que el amor verdadero nunca muere y tú eres lo único que me queda en el mundo.

Estoy en un lugar que se llama Suum Cuique; mira en internet o en lo que miréis ahora qué otra institución se llamó así hace unos ciento cincuenta años en un lugar de la antigua Alemania llamado Buchenwald y me ahorraré explicaciones. Sé que no me queda mucho tiempo y solo quería despedirme de ti, decirte que comprendo que te hayas resignado a vivir en el mundo que te ha tocado, aunque me dé mucha pena, y pedirte que, si tienes ocasión de ayudar a las ecoaldeas, o al menos evitar que se les haga daño, lo hagas así. Son nuestra única esperanza.

Se me encoge el corazón al ver qué clase de sociedad, qué clase de mundo os hemos dejado en herencia, dominado por los más

31 **encogerse** sich zusammenziehen – 32 la **herencia** Erbe

inútiles, envenenado de plásticos y desechos venenosos y zonas radiactivas. Me da vergüenza pensar que no supimos hacerlo mejor y ahora, a esa catástrofe a todos los niveles, la llamáis evolución, progreso, desarrollo natural... arte, incluso. Como representante de mi generación, te pido perdón, hijo mío.

Voy a morir en 2084, ¡qué ironía que todo haya salido así, después de tantas advertencias!

Si esta carta te la entregara en mano una niña llamada Laia, de la ecoaldea, haz lo que puedas por ella, hijo mío. Para mí es casi como una nieta y me ha hecho no solo llevaderos sino a veces hasta felices mis últimos días.

No te sientas culpable de lo que me pase, hijo. Estoy seguro de que no lo habrías podido evitar. Al menos las chicas que me atienden son jóvenes y da gusto mirarlas. Podría ser peor.

Saludos a tu mujer (¿sigue igual de pinchosa?, ahora al menos estará contenta: se ha librado de mí) y un enorme abrazo de tu abuelo que te quiere por encima de todo.

ALBERTO

Hubo un largo silencio cuando Laia terminó de leer. Al cabo de un minuto, levantó la vista y se encontró con los ojos de Alfonso, inundados de lágrimas.

—No supe verlo —murmuró.

—Alberto dice que no tiene que sentirse culpable, director. Él lo ha perdonado.

—¿Qué quiere decir con eso de que es irónico morir en 2084?

—Se refiere a una novela que le encantaba: *1984,* de un inglés, George Orwell. Habla de un mundo terrible que él imaginaba y nunca llegó a existir. Ahora, cien años más tarde, vivimos en un mundo terrible, pero no lo parece porque todo

---

1 un **desecho** Abfall – 7 una **advertencia** Warnung – 10 **llevadero** erträglich –
15 **pinchoso** *coloq rar* überempfindlich, mimosenhaft – 21 **inundado de lágrimas** tränenüberströmt

es muy bonito y está lleno de colores. Eso enmascara el dolor, la crueldad, la injusticia. Es lo que el decía.
—Anda, ve a desayunar. Ahora iré yo. Y… Laia…, gracias.

Almudena miró a su alrededor, satisfecha: La fiesta estaba
5 saliendo muy bien. Ahora ya podía relajarse, permitirse por fin una copa de vino e incluso sacar a bailar a uno o dos de los invitados más importantes.

Rodrigo había conseguido atraer a algunos de los empresarios estrella de las últimas temporadas; ella
10 había aportado un toque frívolo con la presencia de unos cuantos artistas de diferentes ramas y, como simpática nota condescendiente, habían invitado incluso a un par de miembros del Consejo, a pesar de que se consideraba de dudoso gusto combinar políticos, que no eran más que
15 funcionarios genos con aspiraciones, al fin y al cabo personal de servicio, con miembros de las Mil Familias; pero Rodrigo y ella eran la pareja de moda, tenían una especie de facilidad natural para hacer que sus fiestas fueran algo diferente, algo un poco más atrevido de lo normal, sin franquear nunca las
20 fronteras de lo aceptable para sus iguales, los platino.

Cecilia, la nodriza de Íñigo, le lanzó una mirada interrogativa desde la puerta que daba a la zona de la servidumbre y ella asintió con la cabeza. Unos segundos después, Cecilia entró llevando al niño en brazos, vestido ya para la cama, con un
25 delicioso pijamita de batista blanca bordado en azul.

Como esperaba, todos los invitados, tanto hombres como mujeres, se arremolinaron junto a ella dedicando cumplidos al pequeño que, con sus rizos morenos, sus mofletes y sus brillantes ojos negros bajo unas cejas espesas y arqueadas,

---

1 **enmascarar** verschleiern – 12 **condescendiente** entgegenkommend – 19 **atrevido** kühn – 19 **franquear** *fig* überqueren – 21 una **nodriza** Amme – 22 la **servidumbre** Dienerschaft – 25 **bordado** bestickt – 27 **arremolinarse** sich zusammendrängen – 28 un **rizo** Locke – 28 un **moflete** Pausbacke – 29 **arqueado** krumm, gebogen

parecía un pequeño príncipe, un simpático diablillo de iglesia antigua.

—¡Qué encanto de niño! ¿Cuánto tiempo tiene? —preguntó la nueva esposa de Brian Lewis, el armador, mientras los demás lo admiraban entre cucamonas.

—Cumplió dos años el jueves pasado —contestó Almudena tomando al niño en brazos, aunque ya empezaba a pesar bastante—. Lo celebramos en Mongolia —añadió bajando la voz significativamente.

—¿En los campos de plástico? —La mujer se cubrió la boca con la mano mientras desorbitaba los ojos—. ¡Qué suerte! Siempre he querido ir, pero Brian no tiene sensibilidad histórica ni artística. Dice, imagínate, que aquello no es más que basura. Pero estoy tratando de convencerlo para que vayamos a Fukushima; acaban de levantar la prohibición absoluta.

Almudena cabeceó, sonriente.

—¿No esta un poquito flaco? —preguntó Carina, la última descendiente de una familia aristocrática que había conseguido salvarse de la ruina general de su clase casándose con un empresario ruso.

Almudena estuvo a punto de contestarle agresivamente, pero se contuvo a tiempo.

—Va engordando poco a poco. No te preocupes, querida; a nuestra edad estará como nosotros —dijo lanzando una mirada apreciativa a su alrededor. Todos cabecearon, satisfechos, tocándose inconscientemente barrigas, caderas, papadas… como para asegurarse de la existencia de las reservas de grasa que los señalaban como cartaplatinos.

—¿Es cierto que ayer hubo una revuelta de huesos?— preguntó con fuerte acento francés un tal Marc que Almudena solo había invitado porque acababa de hacerse cargo de la

---

1 un **diablillo** → un **diablo** Teufelchen – 4 un **armador** Reeder – 5 unas **cucamonas** *pl coloq* Schmeicheleien – 17 **cabecear** den Kopf schütteln – 26 **apreciativo** schätzend – 27 una **papada** Doppelkinn – 28 la **grasa** Fett

colección de alta costura de Xi-Fang-Lu para Europa y quería impresionar con él a sus amigas.

—¡Qué tontería! —contestó Rodrigo, quitándole importancia con el gesto—. ¿Cómo van a armar una revuelta esos desgraciados? Aunque, eso sí, hay que actuar con contundencia para que aprendan, ¿no es cierto, Álvaro?

Álvaro Díaz del Manzano era concejal de Seguridad para los Consumidores de la villa de Madrid.

—Más de mil hemos incinerado hoy, después de la redada de ayer. Ahora se quedarán tranquilos un par de años.

—Sonrió después de apurar su whisky. Le estaba enormemente agradecido a Rodrigo por haberlo invitado a aquella increíble fiesta platino.

—¿Y no hay peligro de ataques terroristas por parte de la gente de las ecoaldeas? —Marc, sin ningún tipo de tacto, insistía en tocar temas que se consideraban tabú en cualquier fiesta elegante—. Es que, como voy a instalarme aquí en Madrid para la próxima temporada, tengo que asegurarme de que no es peligroso. —Pronunciaba «peliggoo» y «peliggosoo».

—Las ecoaldeas están controladas, querido Marc. —Rodrigo lo tomó del codo y lo dirigió hacia la barra—. Y deja de hablar de esas cosas tan desagradables; de eso se ocupan nuestros técnicos, pero si te tranquiliza, ayer mismo el ejército atacó una de las más activas, en los Pirineos, y les dio un buen escarmiento. Tardarán años en recuperarse. ¿Qué te apetece, un excelente champán francés o algo más fuerte?

En el comedor, cuando todas las muchachas hubieron terminado de desayunar, Lola Gutiérrez, la vicedirectora de la Casa, se puso en pie y les comunicó que, excepcionalmente, el director y ella habían decidido permitir que vieran las noticias

---

5 **desgraciado** arm, glücklos – 5 la **contundencia** Schlagkraft – 7 un/a **concejal/a** Stadtrat (-rätin) – 9 **incinerar** verbrennen – 9 una **redada** Razzia – 11 **apurar** austrinken – 25 un **escarmiento** Lehre, Strafe

nacionales para que pudieran entender lo que habían vivido el día antes en el centro comercial y se tranquilizaran.

Ninguna de ellas había sido aficionada a ver las noticias ni a leer los diarios en su vida anterior, pero ahora estaban entusiasmadas con la idea, por lo que representaba de novedad y por la simple curiosidad de ver por la tele lo que les había sucedido veinticuatro horas atrás.

La enorme pantalla mostraba imágenes del Séptimo Cielo en su estado natural: varios pisos de tiendas, bares, cines 3D, restaurantes de todas las nacionalidades, franquicias de todo tipo, cafeterías, teterías, agüerías, zumerías, estudios de tatuaje, miniclínicas para intervenciones rápidas, gimnasios, bingosexo, salones de masaje, de decoración de uñas, de implantes biológicos de corta vida (rabos, cuernos, antenas, alas), salones de maquillaje, centros de adivinación y futurología, minicasinos, *lounges* de sexo y relajación de alto nivel, consultorías genéticas… Todo limpio, brillante, lleno de luz y de color, poblado por enjambres de cartaplatas y cartabronces, con algún cartaoro ocasional rodeado de su personal de servicio. Un emporio de belleza, perfumes, sabores refinados, moda de última actualidad.

Y de pronto las imágenes habían cambiado: ya no eran del centro comercial sino de las calles adyacentes, llenas como por ensalmo de una masa silenciosa que avanzaba despacio, imparable, inalterable, como una espuma sucia que va a romperse en la playa, lenta, inexorablemente.

Se oyeron exclamaciones ahogadas en la sala, crujidos de sillas al moverse, suspiros… los «huesos»… «Mirad cómo entran en el centro comercial.» «¿Qué quieren, a qué van?» «Qué asco, señor, qué asco».

---

3 **aficionado** Liebhaber-, Amateur- – 10 un **franquicia** Franchise-Nehmer (Geschäft) – 11 una **tetería** Teeladen – 11 una **agüería** Wasserladen – 11 una **zumería** Saftladen – 14 un **rabo** Schwanz (eines Tieres) – 14 un **cuerno** Horn – 15 un **ala** *f* Flügel – 15 la **adivinación** Wahrsagung – 18 un **enjambre** Schwarm, *fig* Menschenmenge – 20 un **emporio** (Handels)zentrum – 23 **adyacente** angrenzend, anliegend – 24 un **ensalmo** Beschwörung – 25 **inalterable** unerschütterlich – 25 la **espuma** Schaum – 26 **inexorablemente** unerbittlich

Los policías, inquietos, se miraban unos a otros como para asegurarse de la presencia de sus compañeros, y dirigían constantes ojeadas a sus superiores, esperando la señal de cargar. Se notaba en su manera de mover la cabeza. Los ojos no se veían; estaban cubiertos por el casco integral impenetrablemente negro, pero se podía notar su nerviosismo en cómo aferraban sus bastones eléctricos, sus porras, sus látigos, sus láseres…, cómo se estrechaban contra el cuerpo sus escudos transparentes.

Luego empezaron a pasar imágenes de rostros mientras el moderador, en un tono neutro con un punto de diversión, como si estuviera refiriendo alguna travesura infantil, comentaba que «daba la sensación de que los indigentes se habían cansado de estar tumbados en sus chabolas y habían decidido acercarse al centro a dar una vuelta y a ver todo lo que se estaban perdiendo por no formar parte de la sociedad de consumidores».

Laia no daba crédito a sus oídos. Era la primera vez en casi un año que había tenido acceso a la información actual y no conseguía creerse ni el tono ni el mensaje que estaban dando; esa falta de respeto, de compasión. Podía haber comprendido que los insultara, o que los llamara disidentes o terroristas o delincuentes, como llamaba el Estado a los ciudadanos libres, pero le revolvía el estómago esa manera condescendiente de tratar a aquellas pobres personas que ya no eran nada ni tenían nada que perder.

Con un primer plano de una mujer muy anciana, que probablemente no tendría ni cuarenta años, de pelo blanco y ojos velados en una cara llena de arrugas, terminó el espectáculo. Lola apagó la televisión.

—Pues ya habéis visto, chicas. No ha pasado nada. Los huesos han vuelto a sus chabolas y vosotras habéis vivido una aventura. ¿No es maravilloso?

---

7 **aferrar** fest halten – 8 un **látigo** Peitsche – 8 **estrechar** an sich drücken – 9 un **escudo** Schutzschild – 12 una **travesura** Streich – 14 una **chabola** *Esp* Slums, Elendsviertel – 29 **velado** verschleiert – 29 una **arruga** Falte

—Y ¿cuántos indigentes no han podido volver a sus chabolas porque la policía los ha asesinado? —preguntó Laia, alzando la voz para que todas la pudieran oír.

Lola se volvió hacia ella, escandalizada. En ese instante se abrió la puerta del comedor; Alfonso entró y ocupó discretamente su lugar junto a ella.

—¡Qué tonterías dices! —Lola tenía la cara deformada por una furia que intentaba controlar sin mucho éxito.

—Siempre es así, Lola, no te hagas la loca. Sus vidas no valen nada. Son demasiados y el Estado necesita tener excusas para diezmarlos de vez en cuando. ¿No pensarás que esos pobres desgraciados a los que apenas si les queda cerebro han decidido ellos solos «irse a dar una vuelta por el centro», como decía el gilipollas del presentador?

—Aquí no usamos malas palabras. Y no entiendo lo que quieres decir. Nadie te entiende.

—Si no me entiendes es que eres más tonta de lo que yo pensaba, Lola. Yo creo que me entiendes muy bien pero no te conviene hacerlo.

Las chicas miraban a una y a otra como si estuvieran viendo un concurso por televisión, encantadas con la novedad y algo perplejas porque no acababan de saber qué estaba pasando. Alfonso las miraba también, pero era evidente que estaba pensando en otra cosa.

—Te conviene callarte, Laia —escupió Lola.

—¿Ah, sí? ¿Por qué? ¿Qué más me vais a hacer? Me tenéis aquí encerrada y me obligáis a parir como un animal para luego vender a mis hijos a los cartaplatinos que están ya tan contaminados que no se atreven a tenerlos ellos mismos. ¡La cosa no deja de tener su gracia! Esos hijos de puta de arriba, los putos naturales como ellos mismos se llaman, os explotan a vosotros, los genos, y a los somas —hizo un gesto general en dirección a sus compañeras—, y se sienten por encima de todos y se quedan con lo mejor, y resulta que... ¿de dónde

---

11 **diezmar** dezimieren

salen ellos? ¡De nosotras! De montones de somas tontas del culo repartidas por cientos de Casas, que son inseminadas por otros somas descerebrados. Y luego los niños que salen de esas uniones, lo más estúpido que es capaz de producir nuestra sociedad, se convierten en los famosos naturales cartaplatinos que nos gobiernan a todos. ¡Qué bien supieron montárselo! Y todos les hacéis el juego.

Alfonso estaba mudo escuchándola. Le parecía estar oyendo a su abuelo, con la misma vehemencia pero con más sensatez, con más garra. Aquella niña estaba poniendo en palabras muchas de las cosas que él casi no se atrevía a pensar. Tenía razón aquella mocosa. Los genos, mas inteligentes, más guapos, mejor formados, no eran más que pequeños ayudantes de los naturales, cuando eran los que de verdad llevaban adelante la sociedad, el mundo entero.

—¿Y vosotros no? ¿Vosotros… los ciudadanos «libres» —Lola escupió la palabra casi con odio— no les hacéis el juego?

—Nosotros tratamos de luchar contra el sistema. Nosotros queremos cambiarlo.

—Por eso vendrán a buscarnos —interrumpió de golpe Sole—, para sacarnos de aquí y llevarnos a su aldea.

Lola se echó a reír.

—¿Eso crees, estúpida? ¿Qué tonterías te ha metido en la cabeza esa loca? ¿De verdad crees que la hemos secuestrado?

—¡Cállate, zorra! —gritó Laia, echando a correr hacia la vicedirectora para saltarle encima.

—¡Socorro! ¡Quiere atacarme!

Las camareras se lanzaron a sujetar a Laia.

—Su gente es pura e idealista, ¿verdad? —dijo Lola con todo el sarcasmo de que era capaz dirigiéndose a Sole—. ¿No te ha llamado la atención que, si es verdad que la secuestraron para traerla aquí, tenga su maleta con sus cosas en la habitación?

---

2 **inseminar** befruchten – 8 **mudo** stumm, sprachlos – 10 la **sensatez** Besonnenheit –
10 tener **garra** Charisma, Ausstrahlung haben – 12 un/a **mocoso/a** Rotzbengel, -göre –
25 una **zorra** *coloq* Hure – 27 ¡**socorro**! Hilfe!

¡Qué secuestradores tan amables, que le dieron tiempo a recoger sus trastos!

—¿Qué quiere decir, Laia? No la entiendo…

—Eso no se lo has contado, ¿verdad que no? —La sonrisa de Lola era puro veneno.

Laia se sacudía para liberarse, pero la tenían sujeta entre varias y no conseguía soltarse.

—Para que lo sepáis todas…

—Lola, déjalo, no es necesario… —intervino el director.

—¡Sí lo es! ¡Las cosas claras! Estoy harta de esta imbécil que se cree superior porque viene de una piojosa ecoaldea de pirados y terroristas. Ya te advertí que nos traería problemas. —Se encaró con Laia, que seguía sujeta de brazos y piernas—. ¿O vas a negar ahora que los tuyos te vendieron a esta Casa? Ellos te vendieron a nosotros. Por dinero. Te traicionaron. Y tú lo sabes muy bien, ¿no es así?

Laia apartó la cabeza para no encontrarse con la mirada herida de Sole, que parecía pedirle una respuesta.

—¿No es así? —gritó la vicedirectora.

—Nos estábamos muriendo de hambre —terminó por decir Laia con un hilo de voz—. Me lo explicaron los míos cuando ya me habían encerrado en el furgón para traerme aquí. ¡Necesitábamos tantas cosas! Pagaron mucho dinero por mí —añadió, levantando la cabeza con orgullo.

—Eso es cierto —dijo el director.

—A veces hay que hacer sacrificios por la gente que uno ama, para que ellos puedan vivir. —Le resbalaban las lágrimas por las mejillas, pero no sollozaba—. No me han traicionado; es que no había otra solución.

—Y ¿por qué habéis pagado por ella cuando hay tantas que queríamos venir aquí, que hemos tenido que pasar tantas pruebas para que nos aceptaran? —Sole miraba solamente al

---

5 un **veneno** Gift – 7 **soltarse** sich befreien – 11 **piojoso** verlaust, lumpig – 12 **pirado** bekloppt – 13 **encararse** einander gegenüberstehen – 15 **traicionar** verraten – 22 un **furgón** Transporter (Wagen)

director, como si Lola no existiera. Él cambió su peso de un pie a otro, echó una mirada a su mujer y, encogiéndose de hombros, decidió contestar:
—Porque ella ya había tenido un hijo y sabíamos que era un
5 producto excelente.
—¿Quéeee? —Laia tenia los ojos desorbitados—. ¿Qué está diciendo? ¿Qué sabe usted de mi hijo? Mi hijo murió al poco de nacer.
—No, Laia.
10 —¿Quién es ahora la tonta, eh? —Lola la miraba con un desprecio infinito—. Te dijeron que había muerto y te lo creíste, imbécil. Lo vendieron. Nos lo vendieron ya con la idea de venderte a ti después. El niño fue la muestra de lo que podías producir. Excelente calidad. Lo colocamos enseguida a una
15 pareja de Madrid de la alta sociedad, de la más alta, platinos purísimos. Puedes estar orgullosa. Pero ya puedes dejar de hacerte ilusiones con los tuyos. Tantos ideales y tantas grandes palabras y al final lo único que cuenta es el dinero, como es natural. ¿Me oyes?
20 Laia tenía los ojos cerrados y había dejado de debatirse. Las camareras la dejaron en el suelo, suponiendo que se había desmayado. Sole se acuclilló junto a ella y le acomodó la cabeza en el regazo mientras las demás salían del comedor echándoles miradas inquietas.
25 —No te preocupes, Laia —empezó a decirle suavemente al oído mientras le acariciaba el pelo—. Todo son mentiras. Ya verás cómo vendrán a buscarnos. Y mientras tanto educaremos a Moira. Moira nos salvará.

<http://www.youtube.com/watch?v=x1-opl61sUg>
30 *Dystopia 2084*, BERNARDO PROIETTI

2 **encogerse de hombros** die Achseln zucken – 11 el **desprecio** Verachtung –
20 **debatirse** Widerstand leisten – 22 **acuclillarse** sich kauern

Rosa Montero

El error

El sensor pitó y las puertas transparentes se cerraron delante de ella con un siseo neumático. Alma se las quedó mirando con esa expresión estúpida que el estupor provoca. Estiró el brazo y volvió a arrimar su ordenador de muñeca al ojo rojizo del sensor, pero no pasó nada. No puede ser, se dijo. No me puede estar sucediendo esto a mí.

—Perdone, pero está bloqueando la entrada —dijo una voz de hombre a sus espaldas.

Alma se volvió. Era el típico ejecutivo. Traje elegante, buenos periféricos. No muy distinto a ella.

—Es un error —explicó con una sonrisa nerviosa, mientras seguía intentando que el aparato la identificara.

—Si carece de autorización, deje pasar —insistió el tipo.

—¡No carezco de autorización! ¡Le estoy diciendo que es un error! —chilló Alma.

Inmediatamente supo que se había excedido. El hombre y la pequeña cola de personas que había detrás de él la miraban en un silencio reprobador. Se hizo a un lado, avergonzada.

—Está bien, adelante. Pero que conste que es una equivocación…

A nadie pareció importarle lo que decía, de la misma manera que a ella nunca le importaron demasiado las personas que no podían acceder al Sector Uno. De hecho, cada vez que las puertas se habían cerrado para alguien mientras ella entraba sin problemas, había experimentado, junto con un vago

---

3 **pitar** pfeifen, piepsen – 4 **siseo** Zischen – 5 el **estupor** Fassungslosigkeit – 5 **estirar** ausstrecken – 6 **arrimar** näher heranbringen – 15 **carecer** nicht haben, ermangeln – 17 **chillar** schreien – 20 **reprobador** missbilligend – 20 **avergonzado** beschämt – 21 **que conste que**… es sei (hiermit) festgestellt, dass

sentimiento de compasión, la satisfacción inconfesable de pertenecer a los elegidos.

Y ahora era ella la rechazada.

Pulsó en su ordenador el código de incidencias que estaba escrito sobre la puerta. El programa se abrió enseguida y Alma fue contestando las preguntas en voz alta: sí, me han negado el acceso; sí, resido en el Sector Uno; sí, poseo una autorización permanente y vigente. El aparato zumbó y una neutra voz cibernética dijo: "Identificación negativa, autorización inexistente, acceso denegado. Muchas gracias y buen día". Boquiabierta, Alma se quedó contemplando fijamente la pequeña pantalla, aunque el programa ya se había cerrado. Los viajeros seguían pasando con fluidez junto a ella. El procedimiento era muy sencillo: había que bajarse del tren bala, atravesar a pie alguna de las numerosas puertas de cristal y volver a subirse al tren al otro lado. Era un trayecto de dos minutos que ella había hecho cientos de veces. Más humillada que preocupada, Alma sintió que la ira anegaba su pecho y ascendía por su garganta como un ácido abrasador. Desanduvo a grandes zancadas el corto pasillo transparente, a contradirección de los demás pasajeros y profundamente mortificada por sus miradas de curiosidad. Fuera ya de la zona de puertas volvió a encararse con el ordenador. Lo colocó en modo holográfico y pidió una entrevista personal. La cabeza y el torso de un hombre joven se materializaron en el aire delante de ella.

—Archivos Generales. ¿En qué puedo ayudarle?

En realidad no debía de ser tan joven. Tenía hecha una cirugía plástica estándar que hacía que su rostro fuera más o menos igual que el de unos cuantos cientos de miles de personas. Alma le detestó nada más verlo, pero intentó contener su frustración y explicó su caso lo más calmadamente

---

1 **inconfesable** → **confesar** so schändlich, dass man es nicht gestehen kann – 3 **rechazar** ablehnen – 4 una **incidencia** Zwischenfall – 7 **negar** verweigern – 8 **vigente** gültig – 10 **denegar** verweigern – 11 **boquiabierto** verblüfft – 29 un **rostro** Gesicht

posible. Su profesión de ingeniera energética, dijo, le obligaba a viajar muy a menudo a los sectores más contaminados del país. Ahora mismo, por ejemplo, regresaba de un Sector Cuatro. Su trabajo estaba catalogado de Interés Especial y de Riesgo Máximo para la Salud, explicó con orgullo; y calló que, como compensación, cobraba un sueldo tan alto que podía pagar con toda facilidad el aire limpio del Sector Uno. Muchos ciudadanos, quizá incluso ese mismo pánfilo empleado de cara de plástico, tenían que vivir en zonas más polucionadas por no poderse costear los recibos del aire; pero ella hubiera podido abonar el triple sin notarlo. El empleado atendió sus explicaciones con aburrida impavidez; o puede que la barata cirugía estética hubiera vaciado de expresión su rostro banal. Luego se puso a manipular algo invisible, porque sus brazos se difuminaban en el vacío.

Alma cerró los párpados y se apretó suavemente los ojos con las yemas de los dedos. El dolor de cabeza volvía a estar ahí. Un latido de fuego que nacía detrás del puente de la nariz, en el centro mismo de su cráneo. Las molestias habían empezado una semana atrás y no habían hecho más que incrementarse. Pidió hora en el médico y hacía tres días que hubiera debido ir a la consulta, pero al final su trabajo en el Sector Cuatro se complicó y decidió alargar el viaje y anular la cita. Ahora se arrepentía: la brutal contaminación no había hecho sino empeorar su estado. Los dolores eran cada vez más fuertes y además comenzaba a tener alteraciones visuales, un síntoma típico de las migrañas. Ahora mismo, mientras hablaba con el empleado, la realidad se le redujo a una especie de pantalla rectangular, como si estuviera mirando por un visor.

—Perdone por la espera —dijo el hombre, alzando el inexpresivo rostro.

---

5 **callar** (ver)schweigen – 8 **pánfilo** gutgläubig, schwerfällig – 11 **abonar** bezahlen –
15 **difuminarse** verschwimmen – 16 un **párpado** Augenlid – 17 una **yema** Fingerkuppe –
18 un **latido** Schlagen, Klopfen – 19 el **cráneo** Schädel – 20 **incrementarse** zunehmen,
(an)steigen – 23 **anular** absagen – 25 **empeorar** verschlimmern, verschlechtern – 26 **la
alteración visual** Sehstörung – 28 una **pantalla** Bildschirm

Alma sintió un pellizco de inquietud. Se enderezó, olvidando por un momento la jaqueca.

—Su identificación es negativa y sus datos no constan. No posee ninguna autorización porque su identidad no existe.

—¿Cómo?

—Con los datos que me ha dado, usted no existe.

—Pero… ¡no puede ser, es una confusión!

—Imposible. He hecho las comprobaciones cruzadas.

Años atrás, para evitar el caos que podía generar hasta la más pequeña equivocación en un mundo totalmente informatizado, se había creado una compleja estructura de seguridad que almacenaba los datos en tres circuitos independientes. Se suponía que era un sistema libre de fallos. Alma sintió que una mano helada le apretaba la nuca.

—¡Pe… pero… ¿cómo es posible, qué pasa, qué hago ahora?!

—Puede pedir una última verificación en el Archivo Central del Estado. Pero le dirán lo mismo. Hasta ahora el sistema no se ha equivocado nunca. Es usted quien nos debe de estar dando unos datos erróneos. Tal vez con ánimo de engaño. Le advierto que, siguiendo el protocolo previsto en estos casos, he avisado al servicio de seguridad. Gracias y buen día.

La holografía se vaporizó en un instante. Ahora los latidos de dolor retumbaban dentro de la cabeza de Alma y apretaban sus ojos por detrás, enviando a la retina oleadas de sangre que parecían teñir intermitentemente su visión con un matiz rojizo. Se sentía enferma, se sentía fatal, peor que nunca en toda su vida; ya era mala suerte que su creciente indisposición coincidiera con esa situación absurda y asfixiante.

---

1 un **pellizco** Kneifen – 1 **enderezarse** sich aufrichten – 3 **constar** feststehen, schriftlich dokumentiert sein – 8 una **comprobación cruzada** Kreuzprüfung – 9 **evitar** vermeiden, verhindern – 10 una **equivocación** Irrtum, Fehler – 12 **almacenar** (ab)speichern – 12 un **circuito** Schaltkreis – 13 un **fallo** Fehler, Irrtum – 14 **apretar** drücken – 19 **erróneo** falsch, irrtümlich – 19 el **ánimo de engaño** Betrugsabsicht – 20 **advertir** hinweisen, warnen – 22 **vaporizarse** verdampfen, *aquí:* verschwinden – 23 **retumbar** widerhallen, dröhnen – 24 la **retina** Netzhaut – 24 una **oleada** Menge, Flut – 25 **teñir** färben – 25 un **matiz** Nuance, Hauch – 28 **asfixiante** erstickend

Tenía que pedir ayuda, tenía que hablar con alguien conocido. Una cuchillada de pena pura atravesó su pecho: cinco años atrás habría tenido muy claro a quién recurrir. Cinco años atrás aún vivía Jarque, su pareja. Él habría sabido qué hacer, él habría venido a rescatarla. Él se habría alarmado si ella no llegaba. Ahora, en cambio, nadie la esperaba. No tenía hermanos y sus padres habían muerto. Trabajaba como autónoma y los clientes cambiaban a menudo. Y, en cuanto a los amigos, tampoco eran muy íntimos. De nuevo la pena de la muerte de Jarque volvió a dolerle tanto que casi agradeció poder concentrarse en el latigazo de la jaqueca.

Decidió llamar a Martín: no era el amigo más antiguo, pero seguramente era el más generoso. Acababa de establecer la comunicación cuando el ordenador se quedó en blanco: la holografía le había chupado toda la batería. Alma corrió aterrada hasta el poste de recarga más próximo, sintiendo reverberar sus pasos en la dolorida base del cerebro. Pero, como se temía, el poste no la reconoció. No tenía crédito. No tenía dinero. No podía cargar el ordenador. No podía hacer nada. Pensó: esto es una pesadilla. Pensó: ¿estaré durmiendo, estaré delirando, será todo una alucinación? La boca le sabía a metal caliente. Se recostó en el muro porque las piernas no le sostenían y sujetó su torturada cabeza entre las manos. Tenía que encontrar una solución, pero su cerebro parecía estarse derritiendo. Doscientos metros más allá, la larga línea de puertas soportaba un tránsito constante y los trenes llegaban y se iban con regularidad. El material cristalino del control hacía que todo pareciera engañosamente fácil, pero era un muro inexpugnable. Piensa, se dijo Alma con desesperación. ¡Piensa en una manera de salir de aquí! De pronto, una idea se abrió paso como un gusano venenoso por su embotada

---

3 **recurrir** a up sich wenden an jdn – 5 **rescatar** befreien, retten – 8 **autónomo/a** selbständig, Freiberufler – 11 un **latigazo** Peitschenhieb – 11 una **jaqueca** Migräne – 13 **generoso** großzügig – 15 **chupar** *aquí:* aufbrauchen – 16 **aterrado** erschrocken – 17 **reverberar** widerhallen – 23 **sujetar** festhalten – 25 **derretirse** schmelzen – 28 **engañoso** trügerisch, täuschend – 29 **inexpugnable** uneinnehmbar, unerschütterlich – 31 un **gusano** Wurm – 31 **venenoso** giftig – 31 **embotado** stumpf

mente: ¿Y si todo estuviera preparado? ¿Y si se tratara de una conspiración contra ella? Alma iba a dar un informe bastante negativo de la planta química que acababa de visitar en el Sector Cuatro. ¿Y si alguien estuviera intentando cerrarle la boca? Gimió, asustada y exhausta. Piensa, Alma, piensa. Sabía que había contrabandistas que ayudaban a los ilegales a pasar las puertas, pero, ¿dónde encontrarlos?

La jaqueca estaba partiéndole las sienes. Vomitó y todavía se sintió peor. Aturdida y tambaleante, echó a andar hacia los lavabos para asearse, pero de pronto aparecieron dos energúmenos del servicio de seguridad y la agarraron del brazo.

—Tiene que venir con nosotros.

—¿Qué?

—Carece de autorización. No puede estar junto a las puertas.

De nuevo la incredulidad, la humillación, la ira. Alma forcejeó intentando soltarse, pero los hombres la inmovilizaron con brutal facilidad. Le estaban haciendo daño, cosa que no parecía importarles en absoluto. He descendido un escalón, comprendió la mujer con acobardada sorpresa: soy un ser sin identidad y pueden maltratarme. Y en ese justo instante entró una llamada en su ordenador; por fortuna, era posible seguir recibiendo comunicaciones incluso con muy poca batería.

—¿Alma? Soy la doctora Roderer… Le llamo por la cita que anuló… ¿Cuándo puedo verla? Convendría que viniera cuanto antes.

¡Era su médico! Alguien que la conocía, alguien que sabía de su identidad. Alma se echó a llorar.

—¿Lo veis? ¡Existo! —balbució triunfante a los gorilas.

---

2 una **conspiración** Verschwörung – 5 **gemir** stöhnen, seufzen – 6 un/a **contrabandista** Schmuggler/in – 8 una **sien** Schläfe – 9 **aturdido** betäubt – 9 **tambaleante** taumelnd – 10 **asearse** sich zurechtmachen – 11 un/a **energúmeno/a** Besessene/r, Verrückte/r – 17 una **humillación** Demütigung – 18 **forcejear** sich widersetzen – 18 **soltarse** sich befreien – 19 **hacer daño** wehtun – 20 un **escalón** Stufe – 21 **acobardado** → **cobarde** eingeschüchtert – 30 **balbucear/balbucir** stammeln

La doctora lo arregló todo con asombrosa eficiencia. Media hora más tarde, y tras un corto trayecto en helijet, Alma estaba entrando en su hospital habitual del Sector Uno. Los dos guardias de seguridad, ahora serviciales y amansados, la ayudaron a caminar, porque apenas podía mantenerse en pie. Rítmicos latidos de dolor martirizaban su cerebro, como si en su cabeza se alojara un corazón cubierto de cuchillas. La sentaron en una silla y rodó por los largos corredores de la clínica; con extrañeza y cierta inquietud, observó que no se dirigían a la zona normal de consultas externas, sino que descendían a un lugar subterráneo y remoto. Su inquietud aumentó al cruzar unas puertas que decían: Unidad de Androides. Y el pánico se disparó al verse dentro de un alarmante cubículo, una extraña mezcla de quirófano y taller mecánico, todo acero pulido y luces destellantes.

—No, no, no es aquí, esto es un error, ¿dónde está la doctora Roderer? Yo no soy un androide… —gimió con angustia mientras los gorilas la alzaban de la silla y la ataban a una mesa de metal con veloz eficiencia.

El rostro conocido de la doctora se inclinó sobre ella nimbado por el cegador foco del techo.

—Tranquila, Alma. Todo va a ser muy rápido.

Clavaron agujas en sus venas, conectaron tubos. Perdió el habla y su visión empezó a virar al rojo y luego al azul. No soy un androide, pensó Alma con espanto. Le zumbaban los oídos y en su cabeza seguía retumbando un pálpito de sangre, aunque el dolor casi había desaparecido. No soy un androide, se repitió, aletargada; y recordó aquella noche junto a Jarque, cuando su pareja ya se encontraba muy enfermo y el fin estaba cerca. Él dormido en la cama, ella tumbada a su lado, leyendo.

1 **asombroso** erstaunlich – 4 **amansado** → **manso** gezähmt – 6 **martirizar** quälen – 7 **alojarse** stecken – 8 **rodar** rollen – 11 **subterráneo** unterirdisch – 11 **remoto** fern – 14 un **quirófano** Operationssaal – 14 un **taller** Werkstatt – 15 **destellante** leuchtend, strahlend – 18 **atar** festbinden – 19 **veloz** schnell – 20 **inclinarse** sich beugen – 21 **nimbado** mit einem Heiligenschein umgeben – 21 **cegador** blendend – 23 una **aguja** Nadel – 24 **virar** sich ändern, wechseln – 25 **espanto** Entsetzen – 25 **zumbar** sausen, dröhnen – 28 **aletargado** schläfrig – 30 **tumbado** liegend

Llovía y el ruido del agua se mezclaba con la respiración de Jarque, un poco acezante. Cuánto le quiso entonces, con qué intensidad sintió la vida en ese instante de calma, en esa isla en mitad del sufrimiento. No, ella no podía ser una criatura
5 artificial si era capaz de experimentar unas emociones tan humanas. Ah, Jarque, suspiró Alma, el rumor de las gotas de aquella lluvia acompasándose ahora a los latidos de su corazón. Entonces su visión se deshizo en una tormenta de píxeles y todo se apagó súbitamente.
10 —No soporto estas cosas —rezongó la doctora Roderer mientras retiraba los electrodos de desactivación.
—Sí, es desagradable… —convino Mike, el cirujano del equipo—. Menos mal que pasa pocas veces. Si hubiera venido a su cita, como todos, no habría sufrido el colapso biológico.
15 La hubiéramos dormido y no se habría enterado de nada.
—Pues no sabes lo peor: al llegar su fecha de caducidad, el Archivo Central simplemente la borró, aunque todavía no estaba desactivada.
—¿De verdad? Y luego dicen que el sistema es infalible. A mí
20 eso me parece un error bastante grande.
Las hábiles manos de Mike estaban midiendo el grado de degeneración de los tejidos siliconados de la criatura, para determinar lo que podía ser reciclado. La doctora contempló el cuerpo exangüe, hermoso y aparentemente tan humano.
25 —Digan lo que digan, me parece una crueldad que los pobres no sepan que son androides —gruñó la doctora, conmovida a su pesar.
—Pues por lo visto todos los estudios demuestran lo contrario. No saberlo hace que sean más felices y trabajen
30 mejor.

---

2 **acezante** keuchend – 6 un **rumor** Geräusch – 7 **acompasar** rhythmisch anpassen – 8 una **tormenta** Sturm, Gewitter – 9 **apagar** ausschalten – 10 **rezongar** murren, murmeln – 12 **convenir** zustimmen – 16 una **fecha de caducidad** Verfalls-, Haltbarkeitsdatum – 17 **borrar** löschen – 19 **infalible** (treff)sicher – 22 un **tejido** Gewebe – 24 **exangüe** blutlos – 25 la **crueldad** Grausamkeit – 26 **gruñir** murren – 26 **a su pesar** zu ihren Bedauern

Durante cuatro años, pensó ella. Sólo vivían cuatro míseros años.

—¿Tú crees que de verdad ignoran que son artificiales? —musitó la mujer.

—Eso parece.

—No sé... Me extraña que no se den cuenta de que su pasado es falso.

Mike alzó el rostro:

—Bueno, ya sabes. Ahora hacen unos implantes de memoria buenísimos.

Durante unos segundos, los dos médicos se miraron en silencio a los ojos. Entonces quizá tú, entonces quizá yo, se dijo la doctora, estremecida. Pero luego le vino a la cabeza el recuerdo de una noche lejana, lluviosa y melancólica. Una reminiscencia tan hermosa e intensa que era imposible que fuera artificial.

—Pobre Alma —suspiró Roderer.

Y se dispusieron a trocearla.

---

4 **musitar** flüstern – 13 **estremecer** erschüttern – 18 **trocear** zerstückeln

Elia Barceló

Minnie

> *Ansiedad de piloto, furia de buzo ciego*
> *Turbia embriaguez de amor*
> *Todo en ti fue naufragio.*
>
> Pablo Neruda. *La canción desesperada*

Se llamaba Minnie y era muy bonita; o, al menos, era bonita entonces. Cualquiera que haya pasado por el Espaciopuerto de Miami, en Terra, Sol, la ha visto, seguro. Sentada en Recepción Interestelar con los ojos brillantes y la boca entreabierta, anhelante, o en la barra de tripulaciones bebiendo rodeada de gente de media galaxia.

Todo el mundo la quería: unos porque era dulce, otros porque era linda, los más porque era extraña, porque no la comprendían y por eso, o quizás a pesar de eso, la admiraban.

Había sido bailarina en un local del puerto y había hecho un poco de todo, pero eso se acabó cuando conoció a Vlad, el aldebarano.

Cuando yo la conocí, vendía paisajes, que pintaba con ceras de colores, de lugares de Terra en los que nunca había estado. Minnie era muy pobre; casi todo el mundo lo era en Sol.

Y ella, sin un trabajo regular, carecía de los medios necesarios para viajar pero, con sus siete colores, pintaba los paisajes de los que oía hablar a la gente que pasaba, a los ciudadanos del Universo. De vez en cuando vendía alguno a una pareja de turistas o a un soldado que quería llevar algo exótico a casa, en algún lejano lugar entre las estrellas. Entonces su sonrisa

---

8 un **espaciopuerto** *cif* Raumhafen – 11 **anhelante** sehnsüchtig – 11 una **tripulación** Crew, Besatzung – 18 un/a **aldebarano/a** Einwohner/in von Aldebaran (Stern) – 19 la **cera** Wachs – 22 **carecer** nicht haben, ermangeln – 27 una **sonrisa** Lächeln

se hacía misteriosa y, durante unos días, brillaba como si se hubiera encendido una luz en su interior.

Siete veces hice escala en Terra; tres de ellas en cargueros de mala muerte, sólo para verla. Su fe y su intensidad me fascinaban.

En uno de mis viajes me contó su historia. Me contó cómo conoció a Vlad, un aldebarano alto y silencioso que compró su compañía por un precio irrisorio cuando ella era una de las chicas más cotizadas de Miami. Me habló de Vlad, de su mirada fría y burlona, de su pasión casi primitiva, de sus palabras.

De cómo brillaban los lagos helados de su mundo lleno de flores de nieve y luz, y de sus altas torres de plata reluciente.

El sentimiento de Minnie era tan intenso que, en medio de mi indiferencia por aquel aldebarano, me sentía inclinado a compartir su amor por él.

Sólo estuvieron juntos dos semanas, mientras la nave recogía su carga. Dos semanas en las que pasearon bajo árboles otoñales llenos de hojas amarillas y contemplaron el inmenso mar de Terra, azul y profundo, y bailaron e hicieron el amor.

Dos semanas que cambiaron la vida de Minnie, pues fue entonces cuando decidió dejar su trabajo y cuando él le prometió volver a buscarla y llevarla consigo a su hogar, cerca de la inmensa Aldebarán.

Cuando me contó esto, sentada en la alfombra, frente a mí, en uno de los pocos locales donde aún se podía encontrar tabaco auténtico, sus ojos relucían como brasas. Habían pasado ya cuatro años de Terra desde que él se había ido pero su fe era inquebrantable. Le había dicho un proximano de una nave de combate que en el espacio el tiempo es muy distinto y que, lo que para ella eran largos años de espera, para un viajero

---

1 **brillar** glänzen, strahlen – 3 **hacer escala** zwischenlanden – 4 la **fe** Glaube, Vertrauen, Treue – 8 **irrisorio** lächerlich – 9 **cotizado** geschätzt – 12 una **torre** Turm – 12 la **plata** Silber – 12 **reluciente** strahlend, glänzend – 14 **inclinado** geneigt – 22 un **hogar** Heim, Zuhause – 24 una **alfombra** Teppich – 26 una **brasa** Glut – 28 **inquebrantable** unerschütterlich, unzerbrechlich – 28 un/a **proximano/a** Einwohner/in von Proxima Centauri (Stern) – 29 una **nave de combate** Kampfraumschiff

era una pequeñez. Lo creyó y le dio fuerzas. Un biofísico de Base Hon le había asegurado que los aldebaranos olvidan lo que dicen y nunca cumplen sus promesas. Minnie lo había escuchado como al viento entre las hojas y había seguido esperando.

Vlad nunca le había escrito, era cierto, pero ella había oído decir que muchas de las culturas galácticas no tenían tradición escrita, que sólo sabían hablar y, por eso, no le extrañó el no recibir noticias.

—Por eso le espero aquí, en el puerto —me dijo, abrazándose las rodillas—. Sé que le gustará que yo esté aquí esperándolo cuando llegue. Además, es posible que no se acuerde de cómo se va a mi casa: dicen que los aldebaranos no tienen buen sentido de la orientación.

En aquella ocasión creo que yo aún pensaba que estaba loca. ¿Quién, si no un loco, podía confiar hasta tal punto en la palabra de un mercenario espacial como Vlad o como yo mismo?

Volví a los cinco años. Minnie seguía en el espaciopuerto pintando paisajes y bebiendo *beer*. Ahora bebía más, pero era sólo porque el negocio no marchaba bien y los muchachos eran generosos con ella. No me reconoció al principio; luego, cuando le refresqué la memoria, se alegró de veras y me invitó a fumar. Yo, en un impulso repentino, le compré un cuadro; una cosa pequeña con montañas y nieve, con unos animales desconocidos, grandes y marrones. Le conté que había estado preguntando en todas las naves aldebaranas que había visto si conocían a un tal Vlad que hacía tiempo solía viajar a Terra, pero que no había sacado nada en limpio. Me contestó sonriendo:

—El espacio es grande, Joel.

Creo que fue entonces cuando me enamoré de ella. Entonces o quizá cuando me confesó su primer gran secreto: que estaba

---

8 **extrañar** wundern – 10 **abrazar** mit beiden Armen umfassen – 17 un **mercenario** Söldner – 21 un **negocio** Geschäft – 22 **generoso** großzügig – 24 **repentino** plötzlich – 27 una **nave** Raumschiff – 29 **sacar uc en limpio** *loc* etw ins Reine bringen – 33 **confesar** gestehen, verraten

ahorrando todo el dinero de sus cuadros para poder ir a Aldebarán. Le habían contado que cuando un hombre lleva mucho tiempo viajando por el espacio, a veces, su organismo no puede resistir más el esfuerzo y le prohíben volver a embarcar. No sólo se lo prohíben sino que le retiran la licencia oficial y es repatriado para siempre.

—También hay algunos que mueren —me dijo, abriendo mucho los ojos— pero claro, ése no puede ser el caso de Vlad: él es muy fuerte.

Dio una larga chupada al cigarrillo y continuó, con una naturalidad tal que llegó a emocionarme:

—Así que he pensado que lo mejor sería ir allí. Ya sé que es mucho dinero y que me costará mucho tiempo pero, ¿te imaginas cómo debe de estar sufriendo al pensar que ya nunca volveremos a vernos? Tengo que ir. ¿Verdad que es lo mejor?

No tenía fuerzas para decirle que no. Pero tampoco podía decir que sí. La miré fijamente; estaba mareado y sentía que me ahogaba, que no podía seguir. Ella continuaba esperando mi respuesta. Entonces, así, de golpe, le dije que la amaba y le pedí que se casara conmigo.

Me miró apenada, repentinamente entristecida, como se mira a un niño tonto del que, sin embargo, se esperaba algo mejor. Metió una mano dentro de su mono azul y sacó una bolsita que llevaba colgada del cuello. Vació su contenido en su mano izquierda y me la tendió diciendo:

—Pero, Joel, amigo, estoy comprometida. Soy suya, ¿ves?, suya para siempre, él me lo dijo.

En la mano tenía una piedra pequeña, brillante y roja como una gota transparente de sangre humana. Continuó con voz soñadora:

---

1 **ahorrar** sparen – 4 un **esfuerzo** Anstrengung – 5 **embarcar** an Bord gehen –
6 **repatriar** in die Heimat zurücksenden – 10 **dar un chupada** *cigarrillo* ziehen –
17 **mareado** schwindlig – 18 **ahogarse** ersticken – 19 **de golpe** mit einem Schlag –
20 **casarse** heiraten – 21 **apenado** betrübt – 23 un **mono** Overall – 26 **comprometido** verlobt – 28 una **piedra** – 29 una **gota** Tropfen – 30 **soñador** verträumt

Cuando él, cuando Vlad se fue, yo le di el anillo de oro que mi madre me dio siendo niña y él me dio esto. En su mundo eso es como un casamiento, como una firma. Es más que una firma porque es para siempre. Nos pertenecemos, ¿lo entiendes, Joel?

No le dije nada.

No le dije que el suelo de Immalia está cubierto de piedrecitas rojas como la suya. No le dije que Vlad era un bastardo que se había burlado de ella y que no volvería jamás a la vieja y olvidada Terra y que, aunque volviera, no la recordaría.

No le dije que en los mundos de Aldebarán no hay flores de hielo y luz y torres de plata. No me habría creído. Era demasiado hermosa, demasiado ingenua, demasiado ¿quién sabe qué?

Nunca más he vuelto a Terra. Quizá Minnie ya ha ahorrado para su pasaje, quizás ha muerto, quizá sigue en Miami, Terra, Sol, esperando a Vlad. Si alguna vez vais allí, si la veis, decidle por favor que Joel, que nunca le dio ninguna prenda, no la ha olvidado, que la ama todavía.

Que Joel, de Rigel, que ya no puede volar, la espera y la seguirá esperando. Eso es todo.

¡Ah! y, por favor, apuntadle mi dirección. Los rigelianos no sabemos escribir.

---

1 un **anillo** Ring – 1 el **oro** Gold – 3 un **casamiento** Trauung, Eheschließung – 7 **Immalia** Immalia (Stern) – 9 **burlarse** de uc/up sich über etw/jdn lustig machen – 13 **ingenuo** naiv – 16 un **pasaje** Flugticket – 18 una **prenda** Pfand – 25 **Rigel** Rigel (Stern)

José Güich

Los días verdes

El timbre fue activado por el visitante mientras Gonzalo escrutaba, con un viso de resignación en su rostro, el avance incontenible de la parra. Se había posesionado, como ama y señora, del baño principal —el de mayólicas azules—, al final del largo pasillo que vinculaba a todas las habitaciones del segundo piso. El veredicto era inapelable: ya no habría posibilidad de utilizarlo, a menos que la ocupante se aburriera para trasladarse a otro sector de la casa. Eso podría ocurrir al día siguiente o dentro de cinco años, pensó Gonzalo, quien conocía mejor que ningún miembro de la familia todas las veleidades y caprichos de la invasora. Los chicos deberían acudir, desde ahora, al baño de visitas que, felizmente, disponía de todos los servicios.

El sonido agudo y metálico ascendió desde la planta baja. Lo enfureció que nadie acudiera a atender ese enloquecedor chillido. Estaría impelido a bajar, presuroso, con el único objetivo de procurar que el ruido crispante cesara de una vez, y él lograra descansar durante el resto de aquella tarde de sábado. Su última esperanza se cifraba en que María Luisa y los chicos ya hubiesen regresado. Llamó un par de veces a viva voz, con resultados infructuosos. Después de brindarle una mirada en sesgo a la parra, adherida a sus anchas a las paredes, el techo, el lavatorio y los sanitarios, encaró el asunto del timbre. Masculló una serie de vocablos de grueso calibre,

---

3 un **timbre** Kingel – 4 **escrutaba** mustern – 4 un **rostro** Gesicht – 5 una **parra** Weinrebe – 7 **vincular** verbinden – 8 un **veredicto** Urteil – 8 **inapelable** → **apelar** unanfechtbar, *fig* unvermeidbar – 13 una **veleidad** Wankelmut – 14 **acudir** *aquí:* ausweichen – 16 **agudo** *sonido* hoch – 17 **acudir** herbeieilen – 18 un **chillido** Kreischen, Quietschen – 18 **impeler** veranlassen, bewegen – 18 **presuroso** eilig, hastig – 19 **crispante** irritierend, zum Verzweifeln – 23 **infructuoso** vergeblich, ergebnislos – 24 en **sesgo** schief, schräg – 24 **adherirse** haften – 25 **encarar** angehen – 26 **mascullar** murmeln

pero se contuvo, ya que la intrusa se había tornado demasiado sensible en los últimos meses.

—¡Ya voy! —gritó a mitad del trayecto. No habría soportado una nueva arremetida del artefacto. Sus nervios, afectados por las múltiples tensiones, solicitaban una tregua desde hacía semanas. Al aproximarse a la entrada principal, un instinto que en Gonzalo se había afinado notablemente emitió su señal de advertencia. Observó a través del ojo de pez el rostro de quien lo había alejado por un momento de sus preocupaciones caseras. Era Rodrigo. Al reconocerlo, Gonzalo se sintió aliviado. Descorrió el cerrojo y abrió cuando el recién llegado, una vez más, aproximaba su mano al interruptor.

—Aquí estoy. Vas a traer la casa abajo. Pasa.

Rodrigo aceptó la invitación después de echar una breve mirada a la calle solitaria.

—Necesito hablar contigo. Es vital, Gonzalo —dijo el recién llegado, quien parecía haber pasado una accidentada noche de juerga. No se había afeitado y su ropa mostraba pronunciadas arrugas.

—Bueno, hablemos. Vamos al escritorio. No quiero que espíe.

—¿Dónde está? —indagó Rodrigo, mirando de un lado a otro con visible nerviosismo.

—En el baño principal, arriba, extendida a lo largo de cada centímetro cuadrado. Pensar que mi madre adoraba a este engendro. Siempre se preocupó porque no la atacaran las plagas o que los perros orinaran sobre ella —Gonzalo, adoptó un tono de confidencia—. Ojalá…

Rodrigo le imploró, con los ojos desorbitados, que guardara silencio. Había colocado el dedo índice sobre sus labios. El gesto era inequívoco. Debían encerrarse en el escritorio.

---

1 **intruso** Eindringling – 3 un **trayecto** Strecke – 4 una **arremetida** Angriff – 5 una **tregua** Waffenstillstand, Pause – 10 **aliviado** erleichtert – 11 un **cerrojo** Riegel – 12 un **interruptor** Schalter (*aquí:* Klingel) – 17 **estar de juerga** einen draufmachen – 19 una **arruga** Falte, Knitter – 21 **espiar** ausspähen – 22 **indagar** *aquí:* interessiert nachfragen – 26 un **engendro** Ausgeburt, Kreatur – 29 **implorar** (an)flehen – 31 un **escritorio** Arbeitszimmer

Charlaron de trivialidades mientras se desplazaban por el interior de la vivienda. En cuanto cruzaron el umbral del pequeño aposento, Gonzalo cerró tanto puertas como ventanas. Se sentaron en dos viejos sillones, descoloridos por el inexorable paso de los años.

—Bien, Rodrigo. Estamos solos. Bueno, eso espero. María Luisa y los chicos han salido. Están más adaptados a la situación. Yo, por mi parte, no tengo deseos de ver nada que me recuerde al color verde, al menos hoy —dijo Gonzalo, pretendiendo tranquilizar a su amigo con esa humorada—. Bien, quiero saber qué te ocurre.

—Nos impidió entrar anoche a la casa. No te imaginas los destrozos que ocasiona. La higuera ha comenzado a penetrar por todas las paredes. En la cocina, hay hojas y tallos que brotan entre las mayólicas. Carmen no resistió. Se llevó a María Pía a casa de mi cuñada. Nada detiene a estas fieras, hermano. Yo dormí en el jardín, cubierto con unos periódicos. Toda la noche, las otras plantas me bombardearon con frutas y semillas. Solo me permitió el acceso al mediodía. Pero atascó las puertas de los baños…

Gonzalo, al oír las últimas palabras, fue quien gesticuló con aspereza:

—Cálmate y habla en voz baja, por favor. Oye hasta la caída de un alfiler… Rodrigo se calló. Los nervios lo habían traicionado. Arrepentido de su brusquedad, Gonzalo procuró enmendar ese trato, a pesar de que su amigo compartía esa muestra de familiaridad y confianza.

—Ya lo hemos comentado —prosiguió—. Es imposible combatirlas. Si no protestas y cumples con las reglas del juego, no hay de qué preocuparse, excepto por algunos problemas domésticos.

---

2 un **umbral** Schwelle – 3 un **aposento** Zimmer, Gemach – 5 **inexorable** unerbittlich – 13 un **destrozo** Schaden – 13 una **higuera** Feigenbaum – 14 un **tallo** Stängel, Stiel – 16 una **fiera** Raubtier – 19 **atascar** verstopfen, blockieren – 22 la **aspereza** Rauheit, Barschheit – 24 un **alfiler** Stecknadel – 25 **arrepentirse** bereuen – 26 **enmendar** verbessern, berichtigen – 29 **combatir** kämpfen, angreifen – 31 **doméstico** Haus-

El tono conciliador de Gonzalo no tranquilizó a Rodrigo. Se puso de pie, con el rostro enrojecido por una rabia a duras penas contenida.

—¿Llamas problemas domésticos a esto…? No sé para qué vine. Pensaba pedirte por última vez que ambos… Ahora sé que no lo harás —dijo Rodrigo. Había una sorda amargura en sus palabras—. Yo pensaba como tú al principio, pero después de haber visto lo que hacen, solo queda…

Gonzalo albergó el súbito deseo de zarandearlo a sus anchas.

—Rodrigo… Por favor… ¿Bebiste anoche?… ¿En qué piensas?… ¿En alguna pistola de rayos, como las de Flash Gordon? Ese grupito ha intentado usar desde hachas hasta ácido. ¿Y cuál fue el resultado después del último ataque?

Al no obtener una respuesta inmediata de su amigo, Gonzalo también se irguió, exasperado.

—Dime tú cuál fue el resultado, carajo —insistió—. Lo sabes muy bien. Entregamos a las mascotas.

—A mí no me vas a dar lecciones al respecto, Gonzalo. Tuve que llevar al gato, a Spot, que era la adoración de Carmen y María Pía. Aún recuerdo su expresión confiada cuando lo saqué de la casa. Creo que hasta ronroneaba. Él nunca supo adónde lo llevaba.

—Por eso mismo, Rodrigo —Gonzalo quiso sonar fraternal y así disminuir la tensión—. Imagínate qué pedirían después. Esos lunáticos no parecen darse cuenta del peligro que encierran sus provocaciones. Ya tenemos demasiados problemas con eso. Por ahora, hay cierto equilibrio. Infestan nuestros cuartos, se meten en nuestra intimidad, recortan nuestro espacio… Creo que no pasarán de ese límite.

Esta vez fue Rodrigo quien reaccionó con agresividad.

---

1 **conciliador** versöhnlich – 2 la **rabia** Wut – 6 **sordo** taub – 9 **albergar** beherbergen – 9 **zarandear** schütteln – 12 un **rayo** Strahl – 13 un **hacha** f Axt, Beil – 14 un **ácido** Säure – 16 **erguirse** sich aufrichten – 22 **ronronear** schnurren – 24 **fraternal** brüderlich, freundlich – 26 **lunático** launisch – 28 **infestar** überschwemmen, vergiften

—No seas idiota, Gonzalo. Mira a tu alrededor. Esto no es vida y tú lo sabes. No entiendo cómo puedes creer en lo que dices, como si repitieras el catecismo.

Sobrevino un silencio sepulcral entre los dos hombres. Gonzalo parecía haberse quedado huérfano de argumentos. En ese instante, se oyó, a la distancia, el ruido de una puerta.

—Ya volvieron María Luisa y los chicos —dijo Gonzalo, como si quisiera aligerar el cariz de la conversación.

—Bueno, será mejor que me vaya. Supongo que ambos marcharemos por caminos diferentes desde ahora.

Gonzalo palideció.

—Rodrigo… Escucha. Nos conocemos tantos años. ¿Recuerdas esos buenos tiempos? Fueron días increíbles, sobre todo durante las vacaciones del verano. Íbamos en bicicleta al parque y dábamos vueltas alrededor… —Gonzalo cortó esa frase por una razón que Rodrigo conocía a la perfección—. Después, el fútbol, la playa, las muchachas. Y la mayoría de nosotros se quedó a vivir en el barrio. Nuestros hijos son amigos entre sí. Teníamos nuestra tajada del paraíso.

Rodrigo se sumió en sus propias cavilaciones. De pronto, prorrumpió en una risa infantil.

—Solo era una broma. Has puesto una cara de tarado… —dijo Rodrigo con burla manifiesta. Gonzalo no se enfadó.

—Puedes alojarte aquí cuando surjan líos con la higuera. Siempre tengo la habitación de huéspedes disponible. Las cosas no irán peor, te lo aseguro. Es cuestión de acostumbrarse —añadió, resuelto a alejar a Rodrigo de cualquier tentativa.

—Te lo agradezco, pero esta noche dormiré en mi casa. Espero que el humor de la plantita cambie. Si eso no ocurre, vendré.

—Toma en cuenta el toque de queda, Rodrigo.

—¿Gonzalo? —la voz de María Luisa resonó desde la cocina.

---

4 **silencio sepulcral** Grabesstille – 5 un **huérfano** Waise – 8 **aligerar** erleichtern, lindern, entschärfen – 8 un **cariz** *aquí*: Ton, Charakter – 11 **palidecer** erblassen – 19 una **tajada** Scheibe, *aquí*: Stück – 20 una **cavilación** Grübelei – 21 **prorrumpir** ausbrechen – 24 un **lío** Durcheinander *aquí*: Problem, Schwierigkeit – 31 un **toque de queda** Ausgangssperre

—Estoy con Rodrigo en el escritorio. Voy para allá —dijo, mientras soltaba los cerrojos.

Salieron a paso lento, hablando de las mismas banalidades del principio. En el camino hacia el *hall* de ingreso, se encontraron cara a cara con la mujer de Gonzalo. Ella no pareció extrañarse por el aspecto desaliñado del visitante. Por el contrario, lo saludó con deferencia; así mismo, le preguntó acerca de su esposa e hija.

—Están muy bien. Han ido pasar unos días con mi cuñada, quien vive en el Barrio Este. No soportan el olor de la pintura fresca, pero son las primeras en solicitar cambios y renovaciones en la casa —Rodrigo mentía con propiedad—. Carmen siempre te envía saludos cariñosos.

—Retribúyeselos. Me parece genial lo de hacer cambios. Vengan a comer una noche de estas. Por supuesto, no habrá ni zanahorias ni tomates —dijo María Luisa, con una amplia sonrisa. Gonzalo se preguntó si su mujer no habría llevado demasiado lejos ese proceso de adaptación que él, como cabeza de familia, tantas veces había defendido con la pasión del recién converso. Rodrigo celebró el comentario de la esposa de Gonzalo con igual vena.

—Es cierto… Y tampoco podremos enviarte flores en el día de tu cumpleaños —replicó con ingenio. Esto Causó hilaridad en su interlocutora. Ella entró a la cocina después de besar en la mejilla a Rodrigo.

Antes de despedirse, los hombres permanecieron en la entrada durante breves minutos.

—No vayas a hacer una idiotez.

—Despreocúpate. Tienes razón. Si te dije un par de cosas, discúlpame. Fue un mal rato. Ya nos acostumbraremos.

—Eso quería oírte decir, hombre. Siempre fuiste el más sensato de la pandilla. Los mayores te citaban como ejemplo de cordura… Pero, en el fondo, eras el más ladino: nunca te

---

6 **desaliñado** ungepflegt – 7 la **deferencia** Höflichkeit – 14 **retribuir un saludo** *aquí:* zurückgrüßen – 21 una **vena** *fig* Ader (im gleichen Ton, mit derselben Begeisterung) – 23 **hilaridad** Heiterkeit – 25 una **mejilla** Wange – 32 una **pandilla** Clique, Bande – 33 la **cordura** Vernunft – 33 **ladino** abgefeimt

descubrían —Gonzalo acompañó este comentario con un suave golpe de puño sobre el vientre de su viejo amigo. Las aguas habían vuelto a su cauce.

Rodrigo extendió la palma de su mano derecha sin pronunciar una palabra. Gonzalo no lo perdió de vista mientras se alejaba. La actitud distendida de su amigo lo había aliviado. De pronto, recordó a la parra. Subió a la segunda planta y se asomó, con sigilo, al baño de mayólicas azules. Reposaba con los grandes racimos de uvas a la vista. Estaba decidida a tentarlo. Nunca sus frutos habían sido tan grandes y apetecibles como en aquel instante. Sin embargo, él sabía que arrancarle tan solo una mísera uva desencadenaría algún suceso de proporciones inimaginables. La pequeña ventana de vidrio empavonado, utilizada por la planta para arrastrarse hacia el interior, ya no era visible: la invasora ocultaba por completo ese rectángulo. Gonzalo prefirió ignorarla. Se propuso mantener una vigilancia disimulada pero cuidadosa de todos sus movimientos. Bajó a la cocina, pues María Luisa le había ofrecido una taza de café.

***

A las tres de la madrugada, Gonzalo despertó. Sensible a cualquier movimiento extraño dentro o fuera de la casa, ya era una costumbre salir de su habitación a esa hora para recorrer, auxiliado por las luces irradiadas desde la calle, tanto el segundo como el primer piso del inmueble.

Primero solía aproximarse a la habitación de Andrea, su hija adolescente; luego, oteaba, en la penumbra, los contornos de Alonso, hecho un perfecto ovillo sobre su cama. Pero a esa rutina se había sumado la tarea de rastrear los desplazamientos de la parra. Midiendo la distancia entre sus pasos para no ser

---

2 un **puño** Faust – 3 un **cauce** Flussbett, Bahn – 4 una **palma** (de la mano) Handfläche – 6 **distendido** entspannt, locker – 8 **asomarse** sich hinauslehnen – 8 **con sigilo** *aquí:* vorsichtig, heimlich – 12 **arrancar** abreißen – 14 **vidrio empavonado** brüniertes Glas – 14 **arrastrarse** kriechen – 23 **irradiar** ausstrahlen – 26 **otear** (er)spähen – 26 una **penumbra** Halbdunkel, Dämmerlicht – 26 un **contorno** Umriss, Kontur – 27 un **ovillo** Knäuel – 28 **rastrear** nachspüren

descubierto, la espió con extremas precauciones. Continuaba en el baño principal; no había alterado su posición ni un centímetro desde que él mismo efectuara la última revisión del día, antes de acostarse.

5 Por otro lado, no estaba seguro acerca del grado de su inteligencia; todo hacía suponer que la planta había adquirido, en los últimos meses, una astucia y un sentido de la anticipación dignas de respeto, más que de admiración, puesto que es impensable admirar lo que provoca temor 10 o rechazo. A diferencia de los desastres ocurridos en casas vecinas, las incomodidades para ellos habían sido mínimas. Cuando algún rumor de esa naturaleza hacía oír su inquietante eco, él le restaba importancia, enarbolando la frase mágica "por algo será". Era una especie de dogma que todos, en ese 15 hogar, recitaban sin cuestionamientos de ninguna índole. En tal sentido, María Luisa se había convertido en su mejor aliada y difusora del credo. Ellos y los chicos harían una vida normal, aunque después del sacrificio de Dandy —junto a las otras mascotas—, la tarea encerraba un reto mayúsculo.

20 La impaciencia o la serenidad para afrontar las circunstancias disfrazaban la tenue diferencia entre un hogar en paz y otro en la desgracia calamitosa. Sin embargo, después del último atentado, la situación general había dejado de ser sosegada, incluso para aquellas familias que hubieran declarado en 25 público su adhesión. No solo Rodrigo había pretendido involucrarlo con esos dementes: lo mismo intentaron, con idéntico fracaso, Álvaro y Diego. Un vago recuerdo lo invadió de pronto, como un reproche a sí mismo. Solo lo apaciguaba el hecho de que su mejor amigo recapacitara, como era 30 predecible.

---

3 **efectuar** aus-, durchführen – 7 la **astucia** Gewitztheit, Schläue – 13 **enarbolar** anführen, vorbringen – 15 una **índole** Art, Wesensart – 17 **difusor** → **difundir** verbreiten *aquí:* Vertreter – 19 un **reto** Herausforderung – 20 la **serenidad** Gelassenheit –
21 **disfrazar** tarnen, verschleiern – 21 **tenue** dünn, fein – 22 **calamitoso** katastrophal –
23 **sosegado** ruhig, gelassen, still – 25 la **adhesión** Zustimmung, Unterstützung –
26 **demente** schwachsinnig, geistesgestört – 27 un **fracaso** Scheitern – 28 un **reproche** Vorwurf – 28 **apaciguar** besänftigen, beschwichtigen – 29 **recapacitar** überdenken

Un reloj de pared marcaba, con un golpeteo seco, el transcurso del tiempo. En el silencio de la noche —incrementado por el toque de queda—, el ritmo mecánico se percibía con claridad meridiana, en franco contraste con lo que ocurría durante las horas diurnas o las iniciales de la noche. Con los gritos de Andrea y Alonso, siempre en eterna disputa, no se apreciaba la existencia de aquel mecanismo. Sintió sed. Sin encender la luz de la cocina, se sirvió agua del grifo. Apoyado en el mueble que revestía al lavadero, bebió sorbo tras sorbo; confiaba en que, como era usual, el sueño retornaría con suma facilidad. Decidió salir un momento al jardín. La noche no era particularmente fría; eso alejaría el riesgo de gripes o molestos constipados, propios del cambio de estación. Su bata de franela lo protegía con creces de cualquier amenaza climática. Atacó el corto camino que lo separaba del comedor. Liberó el seguro de la mampara, y deslizó con suavidad la lámina de vidrio sobre las canaletas de aluminio.

Había cierta humedad matutina en el piso de laja; un vientecillo agradable le dio la bienvenida. Se sentó en uno de los muebles de mimbre que la familia utilizaba para su esparcimiento al aire libre, ya sea para almorzar, recibir invitados o tomar el fresco durante las tardes y noches más calurosas del año. Pequeños árboles, asentados sobre la mediana extensión de césped, se agitaban gracias a esas corrientes invisibles. Gonzalo apartó la vista de ellos. No los soportaba. María Luisa se encargaba de su cuidado y de los restantes huéspedes en sus variados tipos y tamaños. Él, por su parte, se mantenía al margen de cualquier tarea destinada a preservarlos. Bastaba que un integrante de la familia asumiera esa responsabilidad.

---

4 **con claridad meridiana** mit eindeutiger Klarheit – 5 **diurno** Tages- – 10 un **sorbo** Schluck – 13 un **constipado** Erkältung, Schnupfen – 14 una **bata** Morgenmantel – 14 **con creces** reichlich – 16 una **mampara** *Per* Glastür – 16 **deslizar** (hinein)gleiten lassen – 17 una **canaleta** Dachrinne – 18 **matutino** Morgen- – 18 la **laja** Stein – 20 el **mimbre** Rattan – 21 el **esparcimiento** Zerstreuung, Unterhaltung – 24 el **césped** Rasen – 28 **al margen** am Rand(e)

Luchó contra la desagradable sensación de que era observado. Sabía que lo controlaban al milímetro, pero había logrado convencerse de que el centinela era él.

Mirando hacia otra dirección, Gonzalo descubrió por casualidad los inconfundibles perfiles. Su crecimiento en los últimos días había sido descomunal, pero él prefería abstenerse de realizar comentarios. El hecho era tan evidente que no requería mayores discusiones. En esa oscuridad de las ciudades, que nunca aspira a ser tiniebla absoluta, desentrañó su monstruosidad. Adosada al muro, ya había cubierto por lo menos el cincuenta por ciento de la superficie. En nada se asemejaba a la modesta planta de su ya remota infancia, una de tantas que medrara por años en un rincón del jardín familiar. Solo quedaban libres los espacios asignados a las ventanas de los dormitorios, tanto el de Andrea como el de Alonso.

A la altura de la ventana del baño, la parra, desafiando leyes elementales de la física, se angostaba para facilitar su acceso al interior. Era la representante del nuevo mundo en aquel hogar sometido no solo a las actuales imposiciones, sino a sus ritos de orden y seguridad —palabras a las cuales Gonzalo aún atribuía hondos significados—. Pero también era cierto que ya se había abierto una brecha insalvable: algunos no estaban de acuerdo con los cambios, y eso impedía que los residentes actuaran como un bloque monolítico. Rodrigo había sido uno de esos casos sencillos de manejar. Bastaba que las personas de cierta influencia anímica sobre él exteriorizaran su aprobación para que desistiera de cualquier tendencia a nadar contra la corriente.

Y Gonzalo era, sin duda, una de esas autoridades morales. Remontaba su dominio hasta los días de la adolescencia, época en que se establecen vínculos indisolubles. Un crujido

3 un/a **centinela** Wächter/in – 9 la **tiniebla** Finsternis – 9 **desentrañar** ergründen – 10 **adosar** anlehnen – 13 **medrar** gedeihen – 13 un **rincón** Ecke – 16 **desafiar** herausfordern – 17 **angostarse** sich verengen – 21 **hondo** tiefsinnig – 22 una **brecha insalvable** unüberbrückbare Kluft – 25 **sencillo** einfach – 25 **manejar** steuern, lenken – 27 **desistir** aufgeben, ablassen – 30 **remontar** zurückgehen – 31 un **vínculo** Bindung – 31 un **crujido** Knistern

llegó desde las alturas. La parra se había movido. Creyó distinguir extrañas maniobras de tentáculos; pero eran solo las ramas flexibles de la planta que, como una serpiente, buscaba la posición adecuada para la holganza. Al instante, Gonzalo
5 abandonó la terraza; el asco y náuseas experimentados ante semejante ilusión lo habían impulsado a buscar algún refugio.

***

El aislamiento respecto al mundo exterior implicaba, para Gonzalo y el resto de los habitantes, una situación tan incuestionable como la existencia del gigantesco cerco de
10 granado que ahora encajonaba a esa ciudad y a sus sesenta manzanas. Los intentos de fuga habían concluido en violentos decesos por estrangulación —tallos que saltaban sobre el fugitivo en el momento menos pensado— o súbitos ataques del granado, que se protegía a sí mismo con el auxilio de
15 terribles espinas. Por otro lado, todos los instrumentos y equipos que sirvieran para transmitir información a distancia habían sido atacados por un raro polen amarillo. Debido a ese hecho, nadie recibía señales de televisión o de radio. Las conversaciones telefónicas también habían experimentado
20 visibles alteraciones, que disminuían la intensidad de las voces y las hacían ininteligibles.

El férreo control establecido incluía la prohibición de ingerir alimentos de origen vegetal. Solo estaban permitidos los lácteos y las carnes. Cualquier transgresión a esta ley esencial
25 era castigada con dureza. Para tales efectos, se organizaban espectáculos impresionantes, muy semejantes a los Autos de Fe. En el barrio de Gonzalo, eso solo pasó en una ocasión, un año antes de la tensa charla sostenida por él y Rodrigo aquella

---

3 una **rama** Zweig, Ast – 3 una **serpiente** Schlange – 4 una **holganza** Ruhe(pause) – 5 el **asco** Ekel – 9 un **cerco** Zaun – 10 un **granado** Granatapfelbaum – 10 **encajonar** *aquí:* umzingeln – 11 una **fuga** Flucht – 12 un **deceso** Tod – 15 una **espina** Dorn, Stachel – 21 **ininteligible** unverständlich – 22 **férreo** eisern – 22 **ingerir** einnehmen, essen – 25 **castigar** (be)strafen – 26 un **Auto de Fe** *hist* Verkündigung und Vollstreckung eines Urteils der Spanischen Inquisition

tarde de sábado. Tres distinguidas matronas, vegetarianas a ultranza, se habían parapetado en el domicilio de una de ellas para hacer caso omiso de la prohibición. Aquel día almorzaron, presas de un frenesí infantil, ensalada de zanahoria, tomate
5 y espinacas. Un vecino de la dueña de casa, al percatarse de movimientos sospechosos, se apersonó a dar cuenta de los hechos.

Las tres ancianas, miembros de familias conocidas por todos, fueron llamadas a confesar el crimen bajo amenaza
10 de muerte a sus familiares próximos. Acudieron al parque vestidas con elegancia, como si se tratara de una fiesta de sociedad. De nada habían servido los intentos de persuasión por parte de sus hijos y nietos, quienes ofrecieron ocultarlas o sacarlas en forma clandestina de la ciudad —idea absurda,
15 dictada solo por la angustia—. Las tres acusadas insistieron, al unísono, que no les darían el gusto a esas inmundas bestias; no se humillarían; no rogarían por clemencia. Se presentaron, desafiantes y orgullosas.

La población de aquel barrio y los delegados de otras zonas
20 fueron citados para presenciar el castigo aplicado a esas fanáticas de las verduras y del naturismo. Esa mañana nublada, Gonzalo cerró los ojos, ejerciendo presión sobre la mano de María Luisa. Pretendía no mirar la ejecución; solo escucharía los quejidos de las tres mujeres. Él las conocía de toda la vida,
25 pues fueron amigas íntimas de su madre. Pero una voz interior le recordó que lo rodeaban demasiados testigos. Algún delator podría argumentar que él, en tímida señal de protesta, se había resistido a mirar el suplicio. Por lo tanto, se decidió a separar sus párpados más que nunca.

---

1 **a ultranza** radikal, leidenschaftlich – 2 **parapetarse** sich verschanzen – 3 **hacer caso omiso** nicht beachten/befolgen, ignorieren – 4 el **frenesí** Leidenschaft, Tobsucht – 5 **percatarse** de uc sich bewusst werden – 6 **apersonarse** persönlich erscheinen – 9 una **amenaza** Drohung – 10 **acudir** sich einfinden – 12 la **persuasión** Überredung – 15 **al unísono** einstimmig – 16 **inmundo** schmutzig – 17 **rogar** (an)flehen – 17 **clemencia** Milde, Nachsicht – 23 una **ejecución** Hinrichtung – 26 un **delator** Denunziant – 28 un **suplicio** Qual, Folter – 29 un **párpado** Augenlid

Contra lo esperado por los asistentes, no hubo quejidos ni peticiones de perdón mientras las fuertes lianas descendían y envolvían los frágiles cuellos de las tres rebeldes. Una de ellas, antes de perecer, lanzó una proclama que remeció los corazones de todos los presentes: "Coman ensalada".

***

No hubo noticias de Rodrigo durante varias semanas. Enfrascado en sus propios asuntos y negocios particulares, Gonzalo apenas recordaba el diálogo sostenido aquella tarde. Además, la vigilancia ejercida sobre la parra consumía su tiempo de ocio. Siendo inútiles los teléfonos, había planeado visitar a Rodrigo en la tienda de licores o en su domicilio, pero diversos trajines administrativos de la lavandería lo distrajeron una y otra vez. Incluso, cuando solicitó datos a amigos comunes, con quienes solía encontrarse para beber unos tragos, estos le habían manifestado no saber nada del asunto. Aquello lo animó, de una vez por todas, a hacer un breve alto en su camino de padre de familia próspero y pragmático para acercarse, unas cinco calles arriba, al establecimiento comercial de Rodrigo.

Su sorpresa fue mayúscula: el local estaba cerrado. Ni siquiera había empleados que atendieran al público en ausencia del propietario. Encontró varias notas escritas por los miembros del personal, dirigidas a Rodrigo, en las cuales consignaba su puntual asistencia al trabajo. Decidido a averiguar qué se escondía detrás de semejantes indicios, se desplazó a pie hasta la casa. Al llegar a las inmediaciones quedó petrificado. La amplia y acogedora vivienda de dos pisos ya no existía como tal.

La higuera había crecido hasta el punto de ocultar el inmueble casi por completo. Grandes ramas y frutos salían de todas las ventanas, para luego caer sobre el frontis y tapizar

---

4 **perecer** sterben, dahinscheiden – 4 **remecer** rütteln – 7 **enfrascado** vertieft – 12 un **trajín** *aquí:* Pflicht, Formalität, Aufgabe – 15 un **trago** Drink – 23 **consignar** schriftich dokumentieren – 24 **averiguar** herausfinden – 26 las **inmediaciones** nähere Umgebung, Nähe – 27 **acogedor** gemütlich – 31 un **frontis** Fassade

la dos puertas, tanto la principal como la de servicio. Algunos contornos de la casa aún eran identificables, pero resultaba ilógico pensar que un ser humano habitara aún entre esos muros. Indagó entre los vecinos y conocidos. Nadie dio razón del paradero de Rodrigo; por el contrario, se habían alejado de Gonzalo en actitudes muy evasivas. Solo un anciano, a quien conocía desde edades remotas, alcanzó a murmurarle algo sobre los gritos desesperados de un hombre. "Era él, sin duda. La planta lo hizo", concluyó, antes de alejarse con el apoyo de un bastón.

Regresó a su domicilio, donde María Luisa lo esperaba con el almuerzo. Masticó en silencio, mientras su mujer le comentaba las actividades de beneficencia que su Club organizaría para el fin de año. No formuló comentarios respecto a sus descubrimientos de la mañana. ¿Era en realidad Rodrigo el hombre a quien el viejo oyera gritar? ¿O se trataba de una confusión senil?

María Luisa continuó hablándole del Club de Damas y sobre otras cuestiones que él no llegó a captar a plenitud, aún aturdido por la noticia. Su mujer no estaba enterada del asunto; eso podía rubricarlo él en un documento, de ser pertinente semejante tarea. Después del almuerzo, efectuó su revisión. La parra era dueña absoluta del cuarto de Alonso, quien ahora dormía en la habitación de su hermana. Dentro de la supuesta normalidad de sus trayectorias, solo había acontecido un hecho hasta entonces atípico: la agresividad del vegetal hacia su hijo menor, manifiesta cuando el chico ingresara al dormitorio en busca de algunas pertenencias. Gonzalo, en vista de tales sucesos, prohibió a su esposa e hijos realizar algún acto que la compulsiva trepadora interpretase como un acto hostil.

---

5 un **paradero** Verbleib – 6 un **anciano** Greis – 7 **murmurar** flüstern, murmeln – 10 un **bastón** Gehstock – 12 **masticar** kauen – 19 **captar** begreifen – 21 **rubricar** unterzeichnen – 22 **pertinente** angemessen, sachdienlich – 25 una **trayectoria** *aquí:* Verhalten, Routine – 30 planta **trepadora** Kletterpflanze – 31 **hostil** feindselig

Rumbo a la lavandería de su propiedad, no se despojó de la certeza, y aunque se resistía a pensar en Rodrigo, era lógica la conclusión: él había perdido el control, la paciencia, la sensatez. A los ojos de todo el mundo, la ocupación de la casa era la prueba palpable del delito, no perpetrado por la higuera, sino por quien estaba obligado a velar por su comodidad.

A las siete, se retiró del local, encargando el cierre y el arqueo a su empleado de confianza. No se marchó a casa. Ansiaba encontrar al anciano que le había proporcionado vagos indicios sobre la suerte de su amigo. Divisó al hombre que buscaba en el lugar previsible.

—Alberto —se anunció— ¿Puedo sentarme a su lado? Necesito consultarle… Pero creo que este no es el sitio adecuado.

El anciano, de unos setenta años, tardó en reconocerlo, dada la hora y problemas de visión propios de su edad. Además, el parque no estaba muy iluminado. La medida había sido adoptada para dificultar el acceso de agresores nocturnos.

—Gonzalo Palacios… El hijo de Hernán. Siéntate, por favor.

Gonzalo evitó mirar hacia el lado opuesto. Una ciclópea silueta destacaba sobre todos los objetos y seres diseminados a lo largo de la explanada.

—Actúa con naturalidad. Que no huelan tu miedo. Yo sigo viniendo aquí, a pesar de todo. Hablemos en voz baja.

Gonzalo siguió el consejo. Adoptó modales de serenidad, pero los nervios eran sus grandes enemigos.

—No lo molestaré mucho tiempo. Me dejó atónito con lo de Rodrigo. ¿Está seguro?

El hombre acarició, con aire distraído, el adorno de marfil de su bastón.

---

1 **despojarse** de sich entziehen, loswerden, ablegen – 5 **perpetrar** begehen, verüben – 6 **velar** por wachen über – 8 un **arqueo** Abrechnung – 9 **proporcionar** beschaffen, besorgen *aquí:* verraten – 10 **divisar** erblicken – 14 **adecuado** geeignet – 17 una **medida** Maßnahme – 21 **destacar** überragen – 23 **huelan** → **oler** riechen – 27 **atónito** verblüfft, sprachlos – 29 **acariciar** streicheln

—Sí. Pasó tal y como te conté. Hace tres días, Rodrigo le disparó a la higuera. Oí un par de tiros y después, gritos. Tú sabes que las plantas ahora son muy fuertes; aun así, le hizo un par de rasguños. El resultado ya lo has presenciado por ti mismo.

Enmudeció. Una intensa sudoración humedeció su frente. Sintió que las náuseas de una noche no muy lejana regresaban a acosarlo.

—Cálmate. Ya nada puede hacerse. Es mejor que te olvides para siempre de él. Enloqueció, pero ya encontró alivio.

—Yo se lo dije —la voz entrecortada de Gonzalo sonó como un débil suspiro—. Le hice ver que todo era inútil, que ese grupo no tendría éxito.

—¿La Célula? —el hombre pareció sorprenderse ante la mención—. Esa tontería no existe. Ha sido un completo embuste. No creas todo lo que oyes, muchacho. La inventaron como una trampa para tontos, un señuelo.

—¿Cómo lo sabe?

—Oídos muy agudos y mente alerta, Gonzalo. Eso es todo. En un barrio y en una ciudad tan pequeña como esta, hay cosas que no pueden ocultarse. Además, la gente habla de más en presencia de los viejos y de los niños. Esa es nuestra ventaja.

—¿Y Carmen, la esposa de Rodrigo? ¿Y su hija?… ¿Volvieron?

—Ni rastro de ellas. Se fueron hace semanas. Él las convenció.

—Me lo dijo el propio Rodrigo. Se alojan en Barrio Este, con la hermana de Carmen.

—Barrio Este, Barrio Oeste… Es lo mismo. No hay adónde ir. Y si alguien lograra escapar, encontraría más cercos de granado —el hombre del bastón suspendió su reflexión un instante—. Me temo que nuestro espacio continuará reduciéndose.

2 **disparar** schießen – 2 un **tiro** Schuss – 4 un **rasguño** Kratzer – 6 **enmudecer** verstummen, schweigen – 6 la **sudoración** Schwitzen – 10 **enloquecer** verrückt werden – 10 un **alivio** Erleichterung, Erlösung – 12 un **suspiro** Seufzer – 14 una **célula** Zelle – 16 un **embuste** Lüge, Betrug – 17 un **señuelo** Köder – 19 **agudo** spitz – 25 un **rastro** Spur – 32 **temer(se)** (be)fürchten

Gonzalo sintió que un nudo le apretaba la garganta.

—Pero nos necesitan. ¿Quién cuidaría de ellas? Usted sugiere que un día hasta nosotros, los creyentes, seremos prescindibles.

El anciano lo miró tristemente.

—Mejor vuelve a tu casa. En unos minutos comenzará el toque de queda. Yo vivo a tres cuadras, pero tú no estás tan próximo.

—Alberto…

—Hazme caso. Te esperan.

Supo que el viejo ya no hablaría. Antes de partir, atisbó, entre las sombras. Era un árbol gigantesco, antiquísimo, que había extendido raíces mucho antes de que nacieran él, su padre e incluso, su abuelo y bisabuelo. Nadie sabía con exactitud cuántos siglos residía en aquel paraje.

Gonzalo había jugado alrededor de él años atrás, junto a sus compañeros —así como las incontables generaciones que los precedieron—, sin imaginar que algún día se subordinarían como ovejas a sus inescrutables designios y al de los otros gigantes. Todos dejaron su marca sobre la superficie rugosa —una declaración sentimental, una muestra de apoyo al candidato vecinal o al equipo de fútbol de su preferencia—. Era como si hoy les reclamaran por cada uno de esos cortes.

Ya ni siquiera debía ser considerado un árbol; era, más bien, una boca, una hendidura abierta justo a la mitad de su grueso tronco, y que ya no se confundía, de ningún modo, con el escondite perfecto de los muchachos de antaño. Esa cavidad ya había exigido un sacrificio punitivo —el de las mascotas—. En un par de días, habría otra asamblea de vecinos, con los

---

1 un **nudo** Knoten – 1 la **garganta** Kehle, Hals – 3 una/a **creyente** gläubig –
4 **prescindible** entbehrlich – 10 **hacer caso** auf jdn hören, gehorchen – 11 **atisbar** erspähen – 15 un **paraje** Stelle, Gegend – 18 **subordinarse** unterstellen, unterordnen –
19 **inescrutable** unergründlich – 19 un **designio** Vorhaben, Ziel – 20 **rugoso** runzelig –
25 una **hendidura** Spalte, Riss – 26 un **tronco** Baumstamm – 27 **de antaño** *lit* von einst – 27 una **cavidad** Hohlraum, Aushöhlung – 28 **punitivo** Straf-

delegados del resto de barrios. Él formaría parte de las primeras filas, acompañado por María Luisa, Andrea y Alonso.

Rodrigo se había ido. Poco a poco se difuminaba en la memoria de Gonzalo —igual que Álvaro y Diego, ejecutados
5 unas semanas antes que las ancianas por rociar con gasolina a uno de los grandes árboles—. Su craso error fue la ingenuidad, la confianza en algo que siempre careció de un asidero. No volvería a preguntar por él ni por su familia. Cualquier huella de su existencia física sería borrada de ahora en adelante de
10 todo documento, de toda memoria personal.

Gonzalo se consideraba muy diferente, de una estirpe mejor preparada para asumir los retos del futuro. Él sí era imprescindible, porque tenía fortaleza a raudales, tanta para negar sin dubitaciones, que alguna vez hubiese conocido
15 a aquellos individuos. Al fin y al cabo, no había nada que temer: era respetuoso de las proclamas, tenía un próspero negocio y creía a la sombra de la protección brindada por esos días verdes. Representaba lo más graneado de las buenas conciencias y aquella era su mejor carta de presentación. Estas
20 palabras mágicas lo embebieron de entusiasmo mientras abría la puerta de su casa, anunciando su llegada, y la parra, en la planta superior, reptaba con autosuficiencia por todas las habitaciones. Algunos delgados apéndices ya comenzaban a acariciar, con torpeza de infante voraz, los primeros tramos de
25 la escalera.

---

3 **difuminarse** verschwimmen – 5 **rociar** besprühen – 6 la **ingenuidad** Naivität – 7 un **asidero** Vorwand, *aquí:* Grundlage, Basis – 8 una **huella** Spur – 13 **a raudales** in Hülle und Fülle – 16 una **proclama** Aufruf, Appell – 18 **graneado** Crème de la Crème – 20 **embeberse** sich vollsaugen *fig* sich füllen – 22 **reptar** kriechen – 24 la **torpeza** → **torpe** Ungeschicklichkeit – 24 **voraz** gefräßig, heißhungrig – 24 un **tramo** Abschnitt, Strecke *aquí:* Stufe

Antonio Mora Vélez

Trasplante de cabeza

Mi nombre es Carlos Lince y soy un ciudadano común y corriente de este país. Trabajo en un colegio de secundaria como docente de mandarín, idioma que aprendí de niño en Shanghái durante los años que estuvo mi padre en esa ciudad haciendo parte del cuerpo diplomático de Colombia en la República Oriental China. Vivo en una ciudad intermedia de clima templado y bastantes parques y avenidas arborizadas, fiel copia de las recientemente construidas en los Estados Unidos del Este para descongestionar las antiguas metrópolis. Estoy casado con una mujer menudita de cabellos rubios que me ha parido tres hijos: una hembrita y dos varones que ya están en la universidad. Resido en un barrio de forma circular que tiene como eje un gran centro comercial en donde se encuentran todas las oficinas, tiendas y servicios. Voy a mi lugar de trabajo todos los días en mi automóvil marca Lada.

En mi misma calle reside mi amigo Juan Cruz, también casado y con hijos pero mecánico de profesión; Juan —a diferencia mía— va todos los días a su taller en una motocicleta de alto cilindraje con la que despierta a todo el mundo por las mañanas con su ruido. Su esposa no es rubia sino morena y tiene el mejor cuerpo de la vecindad; trabaja como cajera en una tienda de víveres. La misma que mi señora y yo visitamos casi todos los días para comprar jamón de pavo, lonjas de queso dietético y un pan francés con ajo, para la cena.

---

9 **fiel** treu, originalgetreu – 11 **descongestionar** entlasten – 12 **menudito** *dim* **menudo** zierlich – 13 **parir** gebären – 13 una **hembrita** → **hembra** *aquí:* Weibchen – 13 un **varón** Mann – 15 un **eje** Achse – 21 **cilindraje, cilindrada** Hubraum – 23 una **vecindad** Nachbarschaft – 24 **víveres** *pl* Lebensmittel – 25 el **jamón de pavo** Putenschinken – 25 una **lonja** Scheibe

La historia de este cuento comenzó cuando supe que tenía un cáncer de riñón con varias metástasis y que ya nada se podía hacer distinto de prolongarme la vida unos años más. "Que sean cinco, doctor —le dije al urólogo—, para poner en orden todos mis asuntos de familia". Y así me propuse hacerlo con la ayuda y comprensión de mi esposa. Primero redacté el testamento de los bienes muebles y de los bonos y acciones, y traspasé la propiedad de los inmuebles, que no eran muchos, a mis hijos. Después me dediqué a hacer lo que antes había aplazado por mis ocupaciones o mis achaques de salud, como por ejemplo: comer todo lo que me había sido prohibido por los médicos, ir al teatro de conciertos con la familia, jugar ajedrez con los dos varones, ir al campo nudista con mi esposa y visitar a los amigos, en especial a Juan, a quien poco visitaba aunque lo saludaba todos los días cuando salíamos para el trabajo y lo veía salir disparado como alma que lleva el diablo con su *Yamaha* de alta potencia.

—Un día de estos te vas a matar con esa moto —le gritaba a ratos para censurarle su velocidad por las calles.

No sobra decirles que surgió entonces entre ellos, los Cruz, y nosotros, los Lince, una comunicación permanente de calle de por medio y una gran ayuda de puerta a puerta, que me hizo sobrellevar la tortura de saber que en contados años o tal vez meses, entregaría mi cuerpo a la madre tierra y mi alma al gran espíritu universal que según el cerebro conservado de Stephen Hawking, habita en el mega universo que nos envuelve, el cual filtra a través del Big Bang la energía sutil que después se transforma en las partículas de nuestro mundo y dan origen a las galaxias y planetas que conocemos.

Pero ocurrió algo inesperado pero previsible. Un día, que resultó ser el día menos pensado, Juan Cruz, aficionado a

---

2 el **cáncer** Krebs – 2 un **riñón** Niere – 10 los **achaques** *pl* Beschwerden – 13 el **ajedrez** Schach – 16 **salir disparado** sich blitzschnell davonmachen – 20 **sobrar** sich erübrigen – 27 **sutil** fein, dünn – 30 **previsible** vorhersehbar – 31 **aficionado** Hobby-, Amateur-, Liebhaber

la velocidad, murió estrellado contra un árbol de una de las avenidas circulares exteriores. Su moto tropezó con un pequeño obstáculo de la vía y él salió disparado en dirección al tronco grueso de la ceiba que se encontraba al fondo de la curva. Eso dijeron los periodistas que tuvieron acceso al filme grabado por una de las cámaras de velocidad del sector.

Afirman quienes los vieron —yo no me atreví a hacerlo—, que su cabeza quedó destrozada y que en cambio su cuerpo quedó intacto sin rasguño alguno, tirado contra el piso con los brazos y piernas abiertos.

Aquí debo contarles que los urólogos del Hospital Oncológico me habían dicho que existía la probabilidad de prolongar mi vida y de acabar con el cáncer si encontraba quien me donara un cuerpo sano, proceso éste que tenía el visto bueno de la ciencia y de las autoridades pero que enfrentaba la resistencia de los familiares de donante y donatario. Y por eso exclamé: ¡Eureka! al saber que el cuerpo de mi amigo había quedado sano, porque era un cuerpo de apenas cuarenta años y el mejor conservado del barrio no solo por obra y gracia del trabajo de Juan como mecánico automotriz sino porque era un aficionado a la gimnasia y a las pesas.

Como lo deben suponer, antes de que lo pudiesen cremar, puse en conocimiento de sus deudos mi aspiración de contar con ese cuerpo por el resto de mis días para así sacar el cáncer de mi pensamiento y de mi vida, y vivir más años dedicados a mi hogar y mi trabajo y ver progresar a mis hijos y crecer a mis nietos. A Sara —la viuda— no le pareció descabellada la idea. "Si se lo hubieras propuesto en vida con seguridad lo habría aceptado, enamorado como estaba de su físico", me dijo. "Además, lo que menos le servía era la cabeza, tan loco como era", agregó. Pero a mi esposa no le gustó tanto. "Oye ¿no has pensado que si eso ocurre yo tendría que acostarme

---

1 **estrellarse** bei einem Unfall umkommen – 2 **tropezar** stolpern – 4 un **tronco** Baumstamm – 4 una **ceiba** Kapokbaum – 9 un **rasguño** Kratzer – 16 un/a **donante** Spender/in – 16 un **donatario** Empfänger – 21 las **pesas** Hanteln, Gewichtheben – 23 un **deudo** Verwandte/r – 27 **descabellado** hirnrissig – 32 **acostarse** con schlafen mit

en adelante con tu cara y tu cerebro pero con el resto de Juan? ¿Que Sara podría alegar derecho de uso sobre el órgano de su marido muerto?" ¿Y que sus hijos querrán verte todos los días en el gimnasio para sentir que tienen todavía a su padre vivo?
—¡Mierda!... la verdad no había pensado en todo eso... pero es el precio que hay que pagar por la vida —le respondí.

Y así fue. Se hizo el trasplante del cuerpo de mi amigo a mi cabeza o de mi cabeza al cuerpo del amigo —como quieran— (cirugía complicada pero que fue bien realizada por los cirujanos con la nueva tecnología quirúrgica y la utilización del polietilenglicol (PEG) para pegar las dos secciones de la médula espinal, que era lo más difícil) y se procedió a la cremación de mi cuerpo invadido por el cáncer y de la cabeza muerta de Juan. Una ceremonia que presentó el dilema de definir dos cosas: Primero: si Juan moría no obstante quedar vivo su cuerpo o si el muerto era yo por haber sido cremado el mío. Lo que se resolvió de manera obvia al dejar constancia de que una parte de los dos moría y que la otra parte quedaba con vida pero que para efectos de la ley el fallecido era Juan Cruz porque ya no podía pensar más y yo sí. Y segundo: definir ¿qué primaba, si la identidad de las huellas dactilares supérstites, que seguían siendo las de Juan, o el pensamiento del nuevo ser que continuaba siendo el mío? Asunto que también se resolvió con el cambio de huellas en mis documentos, previa constancia de la cirugía de trasplante y demás pruebas conducentes aportadas por el Hospital y por nuestras familias.

Pero el conflicto ideológico mayor fue el teológico. Si el alma está unida al cuerpo en vida y sale de éste con la muerte ¿Cuál alma salió y cuál se quedó en el nuevo ser? ¿Salió solo una parte del alma de Juan —la de la cabeza— y la otra se quedó en su cuerpo ahora mío, y también, en mi caso, salió una parte de mi alma al cremar mi cuerpo y la otra quedó en mi cabeza? ¿O lo que es lo mismo, coexistían en mi nuevo ser dos almas

---

2 **alegar** geltend machen – 12 la **médula espinal** Rückenmark – 19 el/la **fallecido/a** Verstorbene/r – 21 **primar** vorherrschen, überwiegen, Priorität haben – 21 las **huellas dactilares** Fingerabdrücke – 21 **supérstite** *jur* überlebend – 26 **conducente** geeignet – 27 el **alma** *f* Seele

diferentes? El debate se abrió y en él, durante varios días, participaron por las redes sociales los más eminentes teólogos del mundo, algunos partidarios de la tesis del alma múltiple según cada parte del cuerpo humano, que fue considerada
5 una burda tergiversación de la tesis aristotélica; y los otros, radicales defensores de la unidad del alma humana, quienes afirmaban que el alma reside en algún lugar de la corteza del cerebro aún no descubierto y que su origen se remonta a los cromosomas que nuestros antepasados del cielo dejaron
10 sembrados en nuestra memoria genética. "El alma que te acompaña es la tuya, la de Juan se fue con su cabeza", me decía mi mujer para quitarme esa duda de mi pensamiento.

Para no alargarles el relato les cuento que esta gran discusión solo fue cancelada cuando el nonagenario Papa Francisco,
15 haciendo acopio de las pocas fuerzas que le quedaban, apareció ante miles de fieles congregados en la plaza de San Pedro del Vaticano, y ante el asombro de ortodoxos y cristianos y en especial de los llamados obispos masones, caracterizados defensores de las viejas tradiciones amenazadas, exclamó:
20 "¡El alma no existe!" y les explicó a los azorados y atónitos espectadores de todo el mundo las razones teológicas, filosóficas y científicas de semejante afirmación.

Pero, la verdad, nada de lo anterior fue problema. Como no lo fue el posible rechazo biológico de mi nuevo cuerpo a mi
25 cabeza o viceversa, los cuales se entendieron muy bien desde el principio. Los problemas vinieron después, como paso a relatarles, y espero que no se escandalicen con las situaciones que les voy a narrar. Antes, no está de más decirles que estaba orgulloso de mi nuevo cuerpo. En comparación con el famélico
30 que fue consumido por el cáncer y por el fuego, ahora podía

---

3 un **partidario/a** Anhänger/in, Verfechter/in – 5 **burdo** plump, grob – 5 una **tergiversación** Verfälschung – 7 la **corteza del cerebro** Hirnrinde – 8 **remontarse a** zurückgehen auf – 10 **sembrar** säen – 14 **nonagenario** neunzigjährig – 15 **hacer acopio** de todas sus fuerzas all seine Kräfte zusammennehmen – 16 **congregarse** sich versammeln – 18 un **obispo** Bischof – 18 un **masón (-ona)** Freimaurer/in – 19 **amenazado** bedroht – 20 **azorado** beunruhigt, verwirrt – 20 **atónito** verblüfft, sprachlos – 24 un **rechazo** Abstoßen – 27 **relatar** erzählen – 29 **famélico** ausgehungert

presumir de tener unos bíceps de miedo, unos hombros como los del titán Atlas, un abdomen musculoso y plano y unas manos que parecían de piedra, capaces de tumbar con un solo golpe al más pintado de los bravucones de la comuna. A mis hijos también les gustaba verme haciendo cincuenta lagartijas, levantando ochenta kilogramos de peso y trotando cinco kilómetros todas las mañanas. "¡Estás hecho un toro!, papi", me decía mi hija.

Pero a mi esposa no le hizo mucha gracia sentir que no era mi viejo físico de setenta kilogramos sino otro de cien el que se subía sobre ella con la, desde luego, loable intención de cumplir con eso que los juristas llaman "el débito conyugal". Y sentir que, como decían los antiguos narradores de las fantasías orientales, no eran catorce sino veinte centímetros de mi anatomía los que entraban en su integridad desnuda. "Siento que estoy haciendo el amor con una aplanadora" me dijo una vez. Y no dejaba de quejarse por el maltrato que padecía en cada uno de nuestros encuentros íntimos y de pedirme que fuéramos a un consejero matrimonial para ventilar el asunto.

En honor a la verdad, a Sara tampoco le hacía mucha gracia saber que el cuerpo que ella tanto disfrutó en la cama estaba ahora en la casa de enfrente y al servicio de otra mujer que no parecía tener la resistencia suficiente para gozarlo a plenitud. Y en más de una ocasión, siempre en reuniones sociales, aprovechaba el momento del saludo para acariciar el pecho y los brazos que antes fueron suyos y hasta juntar su pelvis a alguna de mis piernas en una actitud abiertamente provocadora que no pasó desapercibida, sobre todo en mi mujer, quien me celaba con ella y por esa razón no le quitaba los ojos de encima.

1 **presumir** angeben – 1 un **hombro** Schulter – 2 **plano** flach – 3 **tumbar** zu Boden werfen – 4 **el más pintado** *loc* der Erfahrenste, der Gescheiteste – 4 un **bravucón** Prahlhans – 5 una **lagartija** (Mauereidechse) Liegestütze – 11 **loable** löblich – 12 el **débito conyugal** *jur* eheliche Pflicht – 16 una **aplanadora** Planierraupe – 17 **padecer** (er)leiden – 19 un **consejero matrimonial** Paarberater – 19 **ventilar** lösen, klären – 23 **gozar** genießen – 25 **aprovechar** nutzen – 25 **acariciar** streicheln – 27 **pelvis** Becken – 28 **desapercibido** unbemerkt – 29 **celar** (aus Eifersucht → **celos** hinterherspionieren)

Al principio no le di mayor importancia al asunto porque pensaba que era yo —mi cabeza, mi pensamiento— y no el cuerpo de Juan, quien tenía la sartén por el mango. Sara no dejaba de espiarme por la ventana cuando salía en pantaloneta
5 a hacer mis ejercicios sobre el césped de la entrada y a caminar por el hermoso bulevar circundante. Y en más de una ocasión salió con su trusa bien ceñida al cuerpo para acompañarme pero en verdad para que le viera sus atractivos resaltados por la prenda. No les miento si les digo que, aparte de contemplarle
10 sus admirables senos y su excitante trasero, lo que siempre hacía cuando tenía mi anterior cuerpo, no sentí en esos momentos nada distinto, acostumbrado como estaba a ver cuerpos de mujeres hermosas en el lago con olas del campo nudista.
15 Empecé a sentir que las cosas no iban a seguir igual. Un par de años después. La noche del baile de grado de una de las hijas del difunto Juan, Sara me sacó a bailar un bolero interpretado por la centenaria Orquesta Aragón y apretó su cuerpo sobre el mío como seguramente lo hacía siempre que
20 bailaba con su marido cuya memoria por fortuna descansa en paz. Y yo, vale decir el cuerpo de Juan, identificó el roce, el olor, el ritmo, las vibraciones del cuerpo de Sara, que conocía muy bien, y el miembro de Juan empezó a responder al llamado de la querencia y a pedir pista, y mi esposa, presa de la ira,
25 se levantó de su silla y salió con dirección a nosotros para pedirme que bailara con ella y dejáramos el espectáculo erótico y penoso que estábamos exhibiendo. Pero antes de que eso ocurriera, Sara alcanzó a decirme: "Te espero mañana domingo en la noche en mi casa…mis hijos se van para una excursión y
30 quedo sola". Y se retiró sonriente y sin protestar mientras mi

---

3 la **sartén por el mango** das Heft in der Hand – 4 **espiar** ausspionieren, ausspähen – 4 una **pantaloneta** Sporthose – 5 el **césped** Rasen – 7 una **trusa** *Col* Strumpfhose – 7 **ceñido** eng – 8 **resaltar** hervorheben – 9 una **prenda** Kleidungsstück – 10 un **seno** weibliche Brust – 10 un **trasero** Hintern – 16 un **baile de grado** Abschlussball – 17 **difunto/a** verstorben – 21 **vale decir** besser gesagt – 21 un **roce** Reibung – 23 un **miembro** Glied (Penis) – 24 la **querencia** Vorliebe – 24 **pedir pista** *loc Col* um Erlaubnis bitten („hinein zu dürfen"; *eigtl. „Pilot bittet um Landeerlaubnis"*) – 24 la **ira** Wut, Zorn – 26 **penoso** peinlich

mujer se aferraba a mi cuerpo como tabla de salvación y yo sentía que no era ella la que bailaba conmigo sino la gitana de *Cien años de soledad* que José Arcadio poseyó en una carpa, porque en ese instante del baile sus huesos empezaron a sonar
5 como "el crujido desordenado de un fichero de dominó".

Aunque lo pensé mucho, la verdad sea dicha, no pude resistir esa invitación de Sara. Algo más allá de mi mente me decía que debía ir, y al día siguiente como a las 8 de la noche, no sin antes echar mano de toda la astucia posible para despistar a
10 mi esposa, me fui en autobús para el centro recreacional pero con la intención de regresar a la casa de Sara por otra de las rutas circulares. "Voy a jugar bolos con mis amigos", creo que le dije.

Para no alargarles la historia les cuento que en la vieja
15 alcoba en la que durmió mi cuerpo por muchos años, estuve dos horas dedicado al disfrute mixto más antiguo del mundo y con la mujer mejor dotada de encantos de todo el vecindario. Y que mi mente disfrutó el cuerpo de esa mujer como nunca antes había disfrutado cuerpo de mujer alguna.

20 Finalizada la faena, que alcanzó hasta el segundo orgasmo, le dije a Sara que me marchaba y ella simplemente me respondió pero dirigiéndose al tronco y a mis extremidades: "No has cambiado nada, parece que fue ayer la última vez que nos acostamos pero con tu cabeza anterior", frase que acompañó
25 con una caricia de mi bajo vientre. Luego de contemplar esa escena —que seguí con una sonrisa— me despedí con un beso que mi boca —para serle sincero— no sintió tan placentero como el resto de mi cuerpo sintió de placentero el de ella.

Eran como las diez y veinte cuando salí de la casa de Sara
30 por la puerta del patio, di un rodeo y llegué a la mía como si viniera de la esquina de la parada transversal de los buses.

---

1 **aferrarse** sich fest halten – 1 una **salvación** Rettung – 3 **poseer** besitzen (*aquí:* sexualmente) – 3 una **carpa** Zelt – 5 un **crujido** Knistern – 5 un **fichero de dominó** Domino-Kasten – 9 **echar mano** de uc zurückgreifen auf – 9 la **astucia** Gewitztheit – 9 **despistar** täuschen, irreführen – 10 un **centro recreacional** *Col* Freizeitpark – 12 los **bolos** *pl* Kegeln – 15 una **alcoba** Schlafzimmer – 20 una **faena** (schwere) Arbeit – 22 un **tronco** Rumpf

Al entrar encontré a mi esposa sentada en la antesala, esperándome, pero no con un bate ni con una pistola sino con una maleta al parecer llena de ropa. Y con cara de pocos amigos.

—Ya sé de dónde vienes y mejor te regresas con tu ropa al mismo lugar— me dijo con la voz distorsionada por el resentimiento.

Al principio intenté negarlo —lo que hacen todos los maridos infieles— pero mi esposa había constatado que no estaba con mis amigos ni jugando bolos sino en la casa de enfrente con Sara, jugando a otra cosa, todo lo cual me lo explicó con el lujo de detalles de un investigador privado. Y opté por justificarme.

—Mi amor, debes entender que este cuerpo que yo tengo ahora lo disfrutó ella durante sus muchos años de matrimonio y que ambos cuerpos recuerdan lo bien que pasaron juntos. Como tú lo dijiste acertadamente, Sara está reclamando el derecho al uso de su viejo pene. Mi cabeza nada tiene que ver…

—¿Ah sí? ¿Y no dicen que el cerebro lo maneja todo?

—Pues sí, mi amor, pero pasa que en este caso, por obra y gracia de esa memoria que tienen los órganos y tejidos del ser vivo, mi cuerpo no me obedece y está empecinado en volver a transitar por los caminos y honduras del cuerpo de Sara. ¿Qué quieres que haga?

—Mírate en el espejo —replicó Sara, mientras comenzaba a llorar y me miraba como si contemplara a otra persona.

Me giré y observé mi rostro en el espejo de la sala.

Vi claramente la amplia sonrisa y su mirada de picardía.

Era Juan, sin duda.

Era un típico gesto de Juan, reproducido por mis labios y por mis ojos.

---

2 un **bate** Schlagholz – 6 **distorsionado** verzerrt – 12 **justificarse** sich rechtfertigen –
16 **acertadamente** treffend – 21 un **tejido** Gewebe – 22 **empecinarse** stur beharren –
23 una **hondura** Tiefe – 27 un **rostro** Gesicht – 28 la **picardía** Verschmitztheit

Sergio Gaut vel Hartman

Disfraz

Estaba distraído, con la mente extraviada en los laberintos de un dolor reciente. Por eso, cuando el mendigo ingresó al vagón, farfullando su discurso, no le prestó atención.

—A mí no me manda nadie; yo pido para mí. Para mí, pido. Tuve un accidente; necesito que me ayuden. Una moneda, por favor. —Las palabras se abrieron paso con dificultad, por lo que demoró en relacionar la demanda con la figura voluminosa que se bamboleaba por el pasillo al ritmo del tren—. A mí no me manda nadie; yo pido para mí. Para mí, pido. Tuve un accidente; necesito que me ayuden. Una moneda, por favor.

Extraño, se dijo; algo no encaja. Observó al mendigo a los ojos y percibió el desajuste entre el discurso, repetido como una cantilena, y los gestos mediante los cuales el hombre registraba el entorno. Eran más de las seis de la tarde, la hora pico. El vagón estaba lleno de gente que regresaba a sus casas, en los suburbios. Pero el mendigo se movía como si el tren estuviera vacío. Miente, pensó; finge, no hay duda de que está interpretando a un personaje creado para pedir limosna. No se sintió sorprendido. Aunque pertenece más al folclore urbano que al ámbito de los estudios serios, es vox populi que muchas personas trabajan de mendigos con el mismo profesionalismo con que se reparan relojes o se lustran muebles. No valía la pena torturarse con una reflexión tan inclemente, decidió. Buscó algunas monedas y se preparó para dárselas en cuanto se acercara.

---

2 un **disfraz** Verkleidung, Kostüm – 4 un **mendigo** Bettler – 5 **farfullar** stottern, stammeln – 9 **demorar** hinauszögern – 10 **bambolearse** schaukeln – 13 **encajar** zusammenpassen – 14 **percibir** wahrnehmen – 15 una **cantilena** *despect* Leier – 16 un **entorno** Umgebung – 16 una **hora pico** *Arg* Rushhour – 19 **fingir** vortäuschen – 20 una **limosna** Almosen – 22 **ser uc vox populi** allgemein, öffentlich bekannt sein – 24 **lustrar** polieren – 25 **inclemente** unbarmherzig

Todo hubiera concluido en ese punto, a no ser porque el mendigo dejó escapar una exclamación, seguramente al recibir una moneda falsa. No lo sorprendió la exclamación en sí misma; no habría ocurrido eso ni siquiera si la exclamación hubiese sido pronunciada en otro idioma. La extrañeza provino de que por un instante, una ínfima fracción de segundo, el mendigo osciló en el límite de la percepción, mostrando que, por debajo de su envoltura humana, había un artefacto, o algo no humano que parecía uno. Se refregó los ojos, desconcertado, como si fuera lógico atribuir el fenómeno a una ilusión óptica. Cuando el mendigo llegó junto a él trató de descubrir algún otro signo que pusiera en evidencia la naturaleza oculta del otro, pero sólo vio a un hombre corpulento, muy deteriorado por un infarto cerebral masivo; arrastraba la pierna izquierda y el brazo del mismo lado le colgaba como un trozo de carne muerta. Las dificultades en la dicción quedaban disimuladas por la costumbre de repetir el mismo discurso, aunque la voz le temblaba cada vez que pronunciaba la palabra "accidente". Le dio las monedas que tenía preparadas. El mendigo se detuvo y dijo:

—Dios lo bendiga y le dé el doble. —A continuación, con un movimiento que desmentía la inutilidad del brazo, apretó el puño y las monedas desaparecieron. No las guardó en el bolsillo ni las depositó en el morrión que le colgaba de la cintura: desaparecieron. ¿Otra ilusión óptica? Se le ocurrió que no perdía nada encarándolo; en el peor de los casos recibiría una respuesta incomprensible, fuera de la programación, o nada. Pero el mendigo ya le había dado la espalda, siguiendo su camino por el vagón atestado, con la pierna a la rastra y la mano colgando fláccida en el extremo del brazo. No pedía

---

5 la **extrañeza** Verwunderung – 7 **oscilar** schwanken, zögern – 8 una **envoltura** Verpackung – 9 **refregarse** los ojos sich die Augen reiben – 9 **desconcertado** ratlos – 10 **atribuir** zuschreiben – 13 **deteriorarse** sich verschlechtern (*aquí:* gesundheitlich) – 14 un **infarto cerebral** Schlanganfall – 14 **arrastrar** (nach)schleppen – 16 la **dicción** Aussprache – 16 **disimulado** getarnt – 18 **temblar** zittern – 22 **desmentir** widersprechen, im Widerspruch stehen – 23 un **puño** Faust – 24 un **morrión** Gürteltasche – 26 **encarar** *aquí:* ansprechen – 29 **atestado** überfüllt – 30 **flác(c)ido** schlaff

permiso: se impulsaba y pasaba entre la gente, como una máquina programada para cumplir ese objetivo.

Un episodio banal; ha terminado. ¿Tenía sentido seguir preguntándose acerca de lo que había visto, el supuesto artefacto disfrazado de mendigo? Una máquina de pedir limosna. Ingenioso. Una vez amortizados los gastos de diseño y construcción, estaríamos ante un generador incansable de ganancias, en actividad las veinticuatro horas, todo el año, años y años, incansable, eficaz. Los gastos de mantenimiento serían mínimos: las máquinas no comen, no duermen, no reciben sueldo, no realizan protestas sociales, no reclaman vacaciones, no se enferman... ¡Perfecto! Alejó la idea por demasiado fantasiosa y no tardó en recaer en su honda melancolía. En realidad no le importaba; aunque fuese como lo había imaginado, no le importaba.

Sin embargo, cuando el mendigo pasó al otro vagón, lo siguió con la vista. Había una coincidencia, por lo menos intrigante. El último vagón a recorrer se ajustaba a la perfección con la llegada a la terminal. Ocho vagones, dieciséis estaciones. Matemáticamente exacto; una concesión dramática a la simetría, que en la realidad, por lo general, se empeña en escurrir el bulto.

Al descender, prolongó la investigación ubicándose a veinte pasos del mendigo. El hombre (se resistía a aceptar que su visión pudiera darse por verificada) permaneció junto a la última puerta del último vagón, la que al invertir su marcha la formación para recorrer el trayecto de la terminal a la cabecera, se convertiría en la primera puerta del primer vagón. Las precisiones matemáticas en el comportamiento del lisiado seguían dándose de cabeza con la lógica. Si la impresión que trascendía de su aspecto y comportamiento conducían a suponer que el hombre a duras penas podía valerse por

---

1 **impulsarse** *aquí:* sich durchdrängen – 6 **amortizar** abbezahlen – 11 un **sueldo** das Gehalt – 13 **hondo** tief – 21 **empeñarse** en hartnäckig bestehen auf – 22 **escurrir el bulto** *loc coloq* sich (ver)drücken – 29 un **lisiado** verkrüppelt – 32 **a duras penas** mit Mühe und Not

sí mismo, la forma en que tenía organizado su trabajo demostraban lo contrario. Creyó vislumbrar, fugazmente, un cambio en la actitud cuando los nuevos pasajeros fueron ocupando los coches, pero le restó importancia. Fue en ese
5 momento que decidió seguir al mendigo hasta el fin del mundo, si resultaba necesario. No tenía nada importante que hacer, nadie lo esperaba, y le vendría bien, en todo caso, concentrarse en una empresa novelesca, aunque fuera una ilusión, una soberana ridiculez.

10 Cuando la formación estuvo a punto de partir, en el último segundo, el mendigo abordó el tren, lo que provocó que él, distraído en sus especulaciones, tuviera que correr para no perderlo. Sólo el espontáneo apoyo de uno que trabó las puertas automáticas le permitió llegar antes de que el tren se
15 pusiera en marcha.

Ya a bordo, sin posibilidades de ocupar un asiento, se acurrucó para pasar inadvertido y observar con atención el accionar del mendigo.

—A mí no me manda nadie; yo pido para mí. Para mí, pido.
20 Tuve un accidente; necesito que me ayuden. Una moneda, por favor. —Las mismas palabras, la misma oscura oscilación en "accidente". Con una envidiable precisión recorrió el vagón en el mismo tiempo que el tren demoró en unir las primeras dos estaciones. Mientras sentía crecer en su interior la excitación
25 que generaba ir detrás del esclarecimiento de un enigma, por minúsculo que éste fuera, imaginó tres o cuatro desenlaces posibles, algunos de los cuales entrañaban cierto riesgo para su integridad. ¿Estaría operando bajo la influencia de un impulso suicida? Asimiló la idea, aunque no por completo. Su herida
30 interior era profunda, de las que no cicatrizan así nomás.

---

2 **vislumbrar** undeutlich erkennen – 2 **fugazmente** flüchtig – 9 **soberano** gewaltig, Riesen- – 9 una **ridiculez** Lächerlichkeit, Unsinn – 11 **abordar** besteigen – 13 el **apoyo** Unterstützung, Hilfe – 13 **trabar** blockieren – 16 **acurrucarse** *aquí:* sich (zusammen) kauern – 17 **inadvertido** unbemerkt – 22 **envidiable** beneidenswert – 26 un **desenlace** Ende, Ausgang – 27 **entrañar** un riesgo *ein Risiko* bergen – 29 una **herida** Wunde – 30 **cicatrizar** vernarben, verheilen

Pero estaba seguro de que su afán por conocer se impondría a cualquier tendencia desafortunada.

Buscó una vez más al mendigo. No lo vio, por cierto. Debía estar en el tercer vagón y si el modo de actuar era el previsto,
5 no tenía por qué inquietarse; no lo iba a perder. En ese punto lo asaltó una nueva duda. Si la teoría del artefacto era correcta, el mendigo no descendería nunca del tren, o por lo menos no saldría nunca de las estaciones cabeceras, manteniéndose en una suerte de circuito cerrado. Seguramente entraría en
10 contacto con el encargado de recoger la recaudación, pero él no lograría obtener un solo dato más. Eran sus propias limitaciones, comer, dormir, satisfacer necesidades fisiológicas, las que terminarían por hacerle perder la pista del lisiado. No tenía sentido. Estaba persiguiendo un fantasma. Sería mejor
15 abandonar en este punto, antes de que la obsesión encadenara su voluntad.

No obstante, se permitió un último lance. Si lograba obviar la pesquisa, habida cuenta de que ya sabía que no lo conduciría a ninguna parte, y descubría entre los otros pasajeros alguno
20 que hubiera notado el extraño comportamiento del mendigo, quizá diera con una respuesta satisfactoria sin más trámite. Lo animó hasta tal punto esa posibilidad que se atrevió a abordar al que tenía más cerca.

—Discúlpeme —le dijo a un joven de ensortijado cabello
25 rojo que había pasado todo el viaje buscando una posición adecuada para su gran mochila—: ¿Observó al mendigo que pasó hace un rato, el afásico, gordo, que repetía un discurso entrecortado?

El muchacho lo miró extrañado, pero no pareció molesto por
30 la intrusión. —Lo veo todos los días que viajo; ya no le presto atención. ¿Qué hizo?

---

1 el **afán** Eifer – 6 **asaltar** überkommen, überfallen – 10 **encargado/a** Beauftragte/r –
10 la **recaudación** Einnahmen – 15 **encadenar** *aquí:* dominieren – 16 la **voluntad**
Wille – 17 un último **lance** ein letzter Versuch – 17 **obviar** umgehen – 18 una **pesquisa**
Nachforschung – 21 un **trámite** Formalität – 22 **atreverse** wagen – 22 **abordar**
ansprechen – 24 **ensortijado** gekräuselt, kraus – 27 **afásico** an Aphasie leidend –
30 una **intrusión** Einmischung

—Hacer no hizo nada especial. Es difícil de explicar. Seguramente vas a pensar que estoy loco o que persigo alguna cosa rara.

El joven se encogió de hombros. —Debo haber escuchado cosas peores, con seguridad.

—Lo único que tengo es una sensación, un relámpago. Vi algo muy extraño cuando pasó junto a mí, hace un rato; lo vengo persiguiendo desde entonces.

—Entonces lo dejó ir, porque anda como tres vagones atrás.

—No importa. Sé donde está en este momento. No es eso. Maniobra con regularidad, como si fuera una máquina.

—¿Un robot mendigo? —El muchacho había captado la idea de inmediato—. Suena absurdo.

—Sí, ¿no? —El tren se había ido llenando en cada estación y la atmósfera ya era irrespirable. Se preguntó cómo haría el mendigo para cumplir con la pauta: un coche por tramo—. Según mi cálculo —prosiguió—, en la octava estación habrá llegado al último vagón, lo que lo obligará a tomar un tren descendente o el próximo en la misma dirección que éste.

—¿Está seguro de lo que dice? Mire, yo a usted no lo conozco. Puede ser un lunático al que le dio por ese lado. Y a mí el mendigo no me hizo nada. ¿Tengo que elegir a uno de los dos?

—Es cierto, te pido disculpas.

—No, está todo bien. —El joven pareció advertir que había actuado groseramente y trató de reparar su conducta. Tendió la mano y se presentó—. Me llamo Julián; hago este camino todos los días. —Sonrió—. Estudio en el centro, Sociales.

—¡Qué bien! Yo soy Esteban Gandolfo. Como ves, pierdo el tiempo con estas tonterías.

—¿Se propone seguirlo? —Hizo un ademán ambiguo, en la dirección probable en que podría hallarse el lisiado en ese momento. En la pregunta estaba implícita otra.

---

2 **perseguir** verfolgen – 4 **encogerse de hombros** die Achseln zucken – 6 un **relámpago** Blitz(idee) – 15 **irrespirable** stickig, unerträglich – 16 una **pauta** Grundsatz, Regel – 21 **lunático** launisch – 21 **le dio por** + INF *loc* er kam auf die Idee zu…; er hatte den Einfall zu…. – 25 **grosero** unhöflich – 30 un **ademán** Gebärde

—No tengo nada mejor que hacer. Enviudé, hace dos meses. Al llegar a casa me siento en una silla y me quedo horas mirando el vacío. A veces me acuerdo y enciendo la televisión; entonces me quedo horas mirando la televisión como si fuese el vacío. Esto, por lo menos, aunque sea más loco, luce más interesante, ¿no te parece?

—Lo siento —dijo el joven, incómodo, poco habituado a expresar una condolencia.

—No hay problema. Me disculpo otra vez por haberte metido en esto.

El muchacho se acomodó la mochila y se dispuso a remontar la marea humana que cubría todo el volumen del coche. Pero no logró dar ni siquiera cinco pasos.

—Va a ser difícil. Él lo tiene bien ensayado.

—Creo que mejor será que lo interceptemos en la octava estación, afuera del tren.

—Mejor. Cuente conmigo. —Por lo visto Julián había decidido confiar en el instinto de su reclutador. ¿Qué lo habría seducido de la propuesta? ¿Había detectado algo interesante o era uno de esos comedidos que se prende en todas? Esteban se sintió invadido por una serie de emociones turbulentas. Considerando que el mendigo debía hallarse a cinco vagones de distancia, contaban con el plazo justo para pensar una estrategia. Dos estaciones. Una y media, en realidad.

Por eso los descolocó ver al mendigo de regreso, avanzando dificultosamente, fuera de tiempo y distancia, recitando su cantilena monótona.

—A mí no me manda nadie; yo pido para mí. Para mí, pido. Tuve un accidente; necesito que me ayuden. Una moneda, por favor.

—Hablaba de éste, ¿no? —dijo Julián.

---

1 **enviudar** Witwe(r) werden – 5 **lucir** scheinen – 11 **remontar** überwinden – 12 una **marea humana** Menschenflut – 14 **ensayar** proben, üben – 15 **interceptar** aufhalten – 18 un **reclutador** Rekrutierer – 20 **comedido** *aquí: despect* hilfsbereit – 22 **hallarse** sich befinden – 25 **descolocar** verwirren, verunsichern

—Hablaba de éste —concedió Esteban—. Pero algo no encaja. No debería estar de vuelta. Registré una forma de actuar, invariable, o eso creí; esto no obedece al patrón.

—Está volviendo antes de la octava estación. ¿Se habrá dado cuenta? Usted dijo que recorría el tren en una dirección y en la octava cambiaba a otro.

—Era una hipótesis. Parece que ha sido refutada.

El mendigo estaba muy cerca, arrastrando la pierna, el brazo colgando, fláccido, el mismo discurso, con su desliz en "accidente".

—Si no hay rutina, no hay misterio —dijo el muchacho—. Sólo un pobre lisiado que trata de ganar unas monedas.

—¡Un momento! El brazo.

—¿Qué tiene?

—Es el otro.

Inesperadamente, una mujer de tez oscura, largas pestañas y expresión cansada pareció interesada en la conversación, y sin que nadie le diera pie, decidió intervenir.

—Yo lo noté —dijo—. Cuando pasó a la ida el brazo y la pierna estropeadas eran las del lado izquierdo, y ahora arrastra el derecho.

—¡Exacto! —Sin profundizar demasiado, Esteban había sacado un par de conclusiones preliminares: los mendigos eran dos, idénticos o casi y recorrían el tren en sentido inverso; el mendigo era uno solo, pero el patrón no era un coche por estación, sino que se adecuaba a las decisiones de un operador que lo manejaba por control remoto. Eso explicaba el cambio del brazo y la pierna tullidos. ¿Disparatado? No tenía, de momento, nada mejor. Julián y la mujer parecían haber sintonizado e intercambiaban opiniones, especulando sobre el fenómeno del mendigo.

---

3 **obedecer** folgen – 3 un **patrón** Muster – 7 **refutar** widerlegen – 9 un **desliz** *aquí:* Zögern – 16 la **tez** (Gesichts)haut – 16 una **pestaña** Wimper – 18 **dar pie** (*p ej* a un comentario) *loc* Stoff (zum Reden) liefern – 20 **estropeado** beschädigt – 27 un **control remoto** Fernsteuerung – 28 **tullido** gelähmt – 28 **disparatado** unsinnig, absurd – 30 **sintonizar** übereinstimmen

—Yo me atrevo a ir más lejos —estaba diciendo ella—. Creo que no es un ser humano.
—¿Pensó eso, en serio? —dijo Esteban—. ¡No me diga!
—Es muy loco, ¿no?
5 —Para nada; yo percibí o creí percibir algo similar.
—Silencio —dijo Julián—. Ahí viene. Encarémoslo. ¿Qué podría pasar?
—Eso. Saquémoslo de la rutina. —Sin vacilar, Esteban sacó un billete, no monedas, del bolsillo interior del saco y lo puso 10 delante de la nariz del mendigo. Éste levantó la mano izquierda para recoger del dinero, a la vez que recitaba el agradecimiento de rigor.
—Que Dios lo bendiga… —Pero el billete había desaparecido, escamoteado por un simple movimiento de la muñeca. No 15 hubo desconcierto en la expresión del mendigo, aunque sí un extraño y agudo silbido, como si una válvula hubiera liberado aire a presión.
—Una respuesta y el dinero es suyo.
—¿Qué le hace? —dijo una mujer mayor, de cabello cano—. 20 No sea desalmado. Entregue el dinero y déjelo en paz. No lo provoque. ¡Es un pobre lisiado!
—A mí no me manda nadie; yo pido para mí —dijo el mendigo.
—¡Miente! Es una máquina de pedir.
25 —Para mí, pido. Tuve un accidente.
—¡Nunca vi algo así! —volvió a protestar la mujer mayor, furiosa—. ¡No lo haga sufrir! Hay que ser una buena porquería para…
—Pide para una entidad ajena a nosotros, por motivos que 30 no conocemos. ¡No es un ser humano!
—¿Qué dice? ¿De qué habla? —Un hombre vestido con el uniforme verde y amarillo de una empresa recolectora de

14 **escamotear** verschwinden lassen, wegzaubern – 14 una **muñeca** Handgelenk – 15 el **desconcierto** Verwirrung, Verwunderung – 16 un **silbido** Pfiff – 16 una **válvula** Ventil, Klappe – 19 **cano** grauhaarig – 20 **desalmado** barbarisch, unmenschlich – 27 **porquería** *aquí:* Schwein, Dreckskerl – 29 **ajeno** fremd – 32 una (empresa) **recolectora de residuos** Abfallentsorgung

residuos avanzó sobre Esteban con el propósito de golpearlo. Sin proponérselo, la multitud impidió que lo alcanzara. Así y todo, algunas personas empezaron a tomar partido por el lisiado, quien, para cualquiera que observara la escena, era la víctima de un sádico, de un demente o algo peor. Hasta la mujer de pestañas largas y Julián empezaron a mirarlo con desconfianza, preguntándose si no habían quedado del lado de los malos de la película. ¿Estaría trastornado de antes o el proceso se había iniciado en ese mismo momento?

—¡Déjelo! ¿No se da cuenta de que ya tiene bastante con su cruz? —intercedió una mujer que estaba embarazada—. Usted no sabe lo que es el respeto. —Una fértil ola de protestas se alzó a coro, fundiéndose con los sonidos propios del tren que seguía su marcha, ajeno al conflicto desatado en su interior.

—Necesito que me ayuden. Una moneda, por favor.

—¡Que alguien llame al guardia! —gritó un hombre alto y obeso de cráneo afeitado y poblado bigote negro—. ¡Seguridad! ¡Seguridad!

—Esperen —dijo Esteban, acorralado contra una de las puertas automáticas; sus posibilidades de ser despedido hacia el andén en el caso de que el tren se detuviera eran enormes: la presión de la gente iba en aumento y él, con las manos en alto, no lograba convencer a nadie; más bien todo lo contrario—. No trato de hacerle daño al lisiado. Sólo escuchen: ocurre algo muy raro con este hombre. Lo único que me interesa es averiguar. Ellos también lo notaron —agregó señalando a Julián y a la mujer de tez oscura.

—Necesito que me ayuden. Una moneda, por favor.

—Yo no —se defendió el muchacho—. Únicamente lo seguí, por curiosidad. —La mujer permaneció en silencio; había agotado sus argumentos y el cansancio volvía a tomar posesión de su voluntad.

2 **impedir** verhindern – 11 **embarazada** schwanger – 12 **fértil** fruchtbar, *aquí:* riesig – 13 **fundirse** verschmelzen – 14 **desatado** entfesselt – 17 **obeso** fettleibig – 17 el **cráneo** Schädel – 17 **afeitado** rasiert – 17 **poblado** buschig – 19 **acorralar** einkreisen, in die Enge treiben – 20 **despedir** hinausschleudern – 26 **averiguar** herausfinden – 31 **agotar** ausschöpfen

—A mí no me manda nadie —insistía, obstinado, el mendigo. El tren se había detenido en una estación, pero las puertas no se abrían. La detención se prolongaba más de la cuenta, por lo que no era descabellado suponer que la noticia del tumulto había llegado a oídos del personal de seguridad; estos se estarían organizando para tomar cartas en el asunto. El tiempo se agotaba y a Esteban no se le ocurría nada efectivo. Por fortuna, la agresividad de la gente, en tensa espera, había decrecido, pero no existían garantías de que la violencia no se desatara al menor estímulo.

—¡En el primer vagón! —oyó Esteban que gritaban—. ¡Hay uno que lastimó al Pingüino!

¡El Pingüino! ¿Así lo llamaban? La retorcida hilaridad que le produjo a Esteban la idea se desvaneció al reparar en que lo estaban acusando de un abuso no cometido. La gente se había apartado de él y lo miraba con asco, con aprensión, con resentimiento. Era todo lo que necesitaba. Le arrebató la mochila a Julián y tomándola con las dos manos de las correas, la descargó contra la cabeza del mendigo en el mismo momento en que éste repetía por enésima vez su letanía:

—Tuve un accidente…

—¡Vas a tener otro! —aulló Esteban.

La mochila hizo impacto y la cabeza salió volando como un meteoro, rozando a su paso todas las agarraderas de una fila, que tintinearon musicalmente. El cuerpo del mendigo empezó a girar sin control y un lluvia de placas, componentes, capacitores, resistencias y vaya uno a saber qué más, se derramó sobre los pasajeros del tren. Tornillos y arandelas rodaron por el piso del vagón, formando un riacho absurdo.

---

1 **obstinado** hartnäckig – 4 **descabellado** hirnrissig – 6 **tomar cartas en un asunto** *loc* sich in eine Angelegenheit einschalten – 8 **tenso** (an)gespannt – 13 **retorcido** geschraubt – 13 la **hilaridad** Heiterkeit – 14 **desvanecerse** verschwinden – 16 el **asco** Ekel – 16 la **aprensión** Argwohn, Misstrauen – 17 **arrebatar** entreißen – 19 una **correa** Riemen – 20 **por enésima vez** zum x-ten Mal – 24 **rozar** streifen – 24 una **agarradera** Griff – 25 **tintinear** klingeln – 26 una **placa** Platte, Scheibe – 27 un **capacitor** Kondensator – 28 **derramar(se)** ver(schütten) – 28 un **tornillo** Schraube – 28 una **arandela** Metallring – 29 un **riacho** kleiner Fluss

—Una moneda, por favor —seguía rogando el cuerpo decapitado. Esteban dedujo que el reproductor estaba en algún punto próximo a la axila. Pero esa deducción pasó a segundo plano cuando advirtió que casi todos los pasajeros se abalanzaban sobre los componentes sueltos del mendigo y otros, más osados todavía, lo desmembraban para apoderarse de los brazos y las piernas. En la otra punta del vagón, el recolector de residuos vestido de verde y amarillo, exhibía triunfal la cabeza, imponiendo la superioridad de su físico sobre los que trataban de arrebatársela. Cuando estuvo seguro de que todos reconocían su derecho, desenroscó la cabeza propia y procedió a sustituirla por la del mendigo.

—¡Es de última generación! —exclamó, eufórico. Un aplauso cerrado coronó la conquista. La mayoría de los pasajeros se desentendieron de Esteban, a quien minutos antes habían estado a punto de linchar, y se dedicaron a comparar y ponderar las piezas obtenidas en el desmantelamiento. Del mendigo sólo quedaba el núcleo del tronco con la unidad de sonido, que por alguna extraña razón nadie había reclamado. Esteban se agachó y pudo escuchar, aunque el volumen ya era muy bajo, el invariable alegato, casi inaudible.

—… yo pido para mí. Para mí…

Las puertas se abrieron por fin, y la multitud se derramó por el andén.

---

1 rogar (an)flehen – 3 una **axila** Achsel – 5 **abalanzarse** sobre sich stürzen auf – 6 **osado** kühn, verwegen – 6 **desmembrar** zerteilen, zerstückeln – 8 **exhibir** vorzeigen, prahlen – 11 **desenroscar** abschrauben – 14 **coronar** krönen – 15 **desentenderse** sich nicht mehr kümmern – 17 **ponderar** prüfen – 17 un **desmantelamiento** Zerlegung – 18 un **tronco** Rumpf – 20 **agacharse** sich bücken – 21 un **alegato** Plädoyer

Los autores y autoras

Daniel Mares

(Madrid, 1966)

Se licenció en Astrofísica por la Universidad Complutense y, desde entonces, trabaja como informático. Aunque quizás le interese al lector saber que desde hace años toca varios instrumentos con un grupo de rock progresivo: Mascarada.

En cuanto a su actividad como escritor, debe ser reivindicado como uno de los grandes experimentadores del género en España. Disfruta utilizando diversas técnicas narrativas, siempre al servicio de descarnadas y sorprendentes historias como *Madrid* (Parnaso, 2008). *Seis* (Espiral, 1997), una angustiosa novela de ciencia ficción, conjuga personajes de J. M. Barrie y Lewis Carroll para ofrecer, con un discurso propio del guiñol, una reflexión brutal sobre el cruel mundo de los niños.

Su última novela, *Los horrores del escalpelo* (Ajec, 2012), ahonda aún más en la horrible naturaleza del ser humano.

Enseñando a un marciano fue uno de sus primeros cuento publicados y está incluido en su antología *En mares extraños* (Ajec, 2004). Es una excelente representación de ciencia ficción paródica que, al burlarse del propio género, lo ensalza y ridiculiza la propia naturaleza humana. Esta corriente quizás abunde más en nuestro idioma que en ningún otro, con ejemplos como Iban Zaldua, Javier Negrete o Eduardo Mendoza, que no tienen nada que envidiar a célebres autores anglosajones como Harry Harrison o Douglas Adams.

En este relato se perciben el dominio del ritmo de Mares y su manera de aportar poesía y ternura desde la vulgaridad y lo amoral.

Elia Barceló

Elia Barceló

Elia Barceló (Elda, Alicante, 1954) es algo más que la gran dama de la ciencia ficción española: se trata, sin más, de una gran escritora, doctorada con una tesis sobre el terror en Julio Cortázar, que además de esos dos géneros ha cultivado la fantasía, la ficción metaliteraria, la novela juvenil e incluso el ensayo y el relato policíaco, siempre con una ambición y una mirada personal que la hacen única. Profesora de Hispanística en la Universidad de Innsbruck, Austria, donde vive desde 1981, es autora de una larga veintena de títulos, entre ellos clásicos como *Sagrada* (Ediciones B, 1989), *El mundo de Yarek* (Lengua de Trapo, Premio UPC 1993), *El vuelo del hipogrifo* (Lengua de Trapo, 2002), *El secreto del orfebre* (Lengua de Trapo, 2003) o *Corazón de tango* (451, 2007). Especialmente dotada para añadir una dimensión lírica a sus narraciones, Barceló ha ganado premios como el Ignotus, el UPC o el Edebé, y en la actualidad se halla inmersa en su exitosa serie «Anima Mundi» (Destino), en apariencia juvenil pero cargada de tantos niveles de lectura que hasta llega a incluir en sus páginas una evidente alegoría distópica. No es la primera vez, sin embargo, que se acerca al género: la mayoría de los cuentos de su recopilación *Futuros peligrosos* (Edelvives, 2008) son claras distopías, y una de ellas en concreto, *Mil euros por tu vida*, es una pequeña joya que llegó a ser adaptada en formato cómic, además de una película alemana ganadora de varios premios: *Transfer*, de Damir Lukacevik (2011), en cuyo guion colaboró la propia autora. Asimismo, la editorial alemana Klett ha publicado una doble edición especial que contiene el relato y el cómic en un solo tomo (ISBN 978-3-12-535683-2).

Rosa Montero

Rosa Montero

Madrid, (1951-)

Estudió Periodismo y Psicología y trabajó como periodista para diversos medios de comunicación. Colabora en el diario *El País*. En 1978 ganó el Premio Mundo de entrevistas, en 1980 el Nacional de Periodismo de reportajes y artículos literarios y en 2005 obtuvo el Rodríguez Santamaría de Periodismo en reconocimiento a toda una vida profesional. Es autora, entre otras novelas, de *La hija del caníbal* (1997, Premio Primavera), *El corazón del tártaro* (2001), *La loca de la casa* (2003, Premio Grinzane Cavour 2005 de literatura extranjera y Premio Qué Leer 2003 al mejor libro en español), *Historia del Rey Transparente* (2005, Premio Qué Leer 2005 al mejor libro en español), *Instrucciones para salvar el mundo* (Alfaguara, 2008), *Lágrimas en la lluvia* (Seix Barral, 2011), *La ridícula idea de no volver a verte* (Seix Barral, 2013) y *El peso del corazón* (Seix Barral, 2015). También es autora de obras relacionadas con el periodismo y de diversos libros dirigidos al público infantil. Además ha sido nombrada Doctor honoris causa por la Universidad de Puerto Rico, Recinto de Arecibo (19 de noviembre de 2010).

José Güich

José Güich

José Güich Rodríguez (Lima, 1963) estudió Literatura en la Pontifica Universidad Católica del Perú (PUCP), donde se graduó en 1990 con una tesis sobre Juan Rulfo y obtuvo la licenciatura ese mismo año. Entre 1992 y 1995 residió en Argentina, gracias a una beca de perfeccionamiento otorgada por el Consejo Nacional de Investigaciones Científicas y Técnicas (CONICET) de ese país. Su investigación se centró en la obra del novelista mexicano Fernando del Paso. Se ha desempeñado como periodista y crítico en diversos medios de su ciudad natal, como el diario *La República* y el semanario *Caretas*. Es autor de los libros de relatos *Año sabático* (Lima, San Marcos, 2000) y *El mascarón de proa* (Lima, Mesa Redonda, 2006). Con Carlos López Degregori y Luis Fernando Chueca publicó el libro de ensayos *En la comarca oscura: Lima en la poesía peruana 1950-2000* (Lima, Universidad de Lima, 2006), y con Alejandro Susti *Ciudades ocultas. Lima en el cuento peruano moderno* (Lima, Universidad de Lima, 2007). Relatos suyos figuran en las antologías *Estática doméstica. Tres generaciones de cuentistas peruanos* (México, UNAM, 2005) y *El cuento peruano 1990-2000* (Lima, Ediciones Copé, 2001). Ha publicado cuentos en las revistas *Lienzo*, *Umbral*, *Mesa Redonda*, *Ajos & Zafiros*, *Los Noveles* y *Velero 25*, entre otras. Escribe la columna "Desencantos" para la revista virtual de literatura *El Hablador*. Ejerce actualmente la docencia en las universidades del Pacífico —donde conduce, además, desde 2001, el Taller de Narrativa— y en la de Lima. Codirige la revista cultural *Pie de Página*.

Antonio Mora Vélez

Antonio Mora Vélez

Antonio Mora Vélez: Cuentista, poeta, novelista y ensayista. Cofundador de la Unión Nacional de Escritores y del Parlamento Nacional de Escritores, del cual fue su primer presidente (2003). Es considerado uno de los precursores y un clásico de la ciencia ficción colombiana. El escritor del género que más libros de ciencia ficción ha publicado en Colombia y que más veces ha sido incluido en antologías internacionales. Ha escrito los libros de cuentos *Glitza* (1979), *El juicio de los dioses* (1982), *Lorna es una mujer* (1986), *Helados cibernéticos* (2011), *La gordita del Tropicana* (2012), *La duda de un ángel* (2013), *Atlán y Erva* (2014) y *Lina es el nombre del azar* (2014); los poemarios *El fuego de los dioses* (2001), *Los caminantes del cielo* (1999) y *Los jinetes del recuerdo* (2015); las novelas *Los nuevos iniciados* (2008, segunda edición 2014) y *A la hora de las golondrinas* (2011), y los libros de ensayos y artículos: *Ciencia Ficción: el humanismo de hoy* (1996) y *La estrategia de la solidaridad* (2006). Sus cuentos y poemas figuran en varias antologías nacionales y extranjeras, entre las cuales destacamos: *Antología del cuento caribeño* (2003); *Antología del cuento fantástico colombiano* (2007), *Primera antología de la Ciencia Ficción colombiana* (2000), *Joyas de la Ciencia Ficción* (La Habana, 1989); *Dimensión Latino-Antología latinoamericana de Ciencia Ficción* (Paris, 2008) y *Tricentenario* (Buenos Aires, Argentina, 2012). Antonio Mora Vélez ha obtenido varios premios y distinciones por su obra literaria. En Córdoba fue declarado como uno de los personajes del siglo XX por su contribución a la literatura (1999). En agosto de 2014 el Parlamento Nacional de escritores le hizo un reconocimiento a su obra.

Sergio Gaut vel Hartman

Sergio Gaut vel Hartman

Sergio Gaut vel Hartman nació en Buenos Aires en 1947. Es un autor muy prolífico, que ha publicado numerosos relatos en revistas de todo el mundo. Es autor del libro de cuentos Cuerpos descartables *Minotauro* (1985). Fue creador y director de la revista *Sinergia* y posteriormente director de la revista *Parsec*. La revista de ciencia ficción *Axxón* presentó en el número 67 un especial dedicado a él, más los cuentos *Crías de esturión* (Axxón-69), *Náufrago de sí mismo* (Axxón-60) y *Encubridor* (Axxón-100).

Abreviaturas y símbolos

adj	= Adjektiv, adjetivo		INF	= infinitivo
adv	= adverbio		*ingl*	= inglés
aquí:	= señala un significado específico de la palabra en el contexto		*irón*	= irónico
			jmd	= jemand
			jur	= lenguaje jurídico
			lit	= lenguaje literario
			loc	= locución, giro idiomático
aum	= aumentativo			
cif	= término proveniente de la Ciencia Ficción (CF)		*m*	= masculino
			p ej	= por ejemplo
			Per	= término o expresión del español de Perú
coloq	= coloquial			
Col	= término o expresión del español de Colombia		*pl*	= plural
			rar	= palabra de uso poco frecuente
			s	= singular
despect	= despectivo		SUST	= sustantivo
dim	= diminutivo		*sup*	= superlativo
Esp	= peninsularismo, término o expresión del español de la Península Ibérica		*uc*	= una cosa, algo
			up	= una persona, alguien
			vulg	= expresión vulgar
			≠	= contrario de
etc	= etcétera		→	= remite a una palabra ya conocida
etw	= etwas			
f	= femenino			
fam	= lenguaje familiar			
fig	= lenguaje figurativo			
fr	= francés			
GER	= gerundio			
hist	= referencia a un suceso o personaje histórico			